Als wir klein und fröhlich waren

Als wir klein und fröhlich waren

Geschichten und Gedichte
über die Kindheit und Jugend

Ausgewählt
von Jan Strümpel

Anaconda

MIX
Papier | Fördert
gute Waldnutzung
FSC® C014496

Penguin Random House Verlagsgruppe FSC® N001967

Die Deutsche Nationalbibliothek verzeichnet diese Publikation in der Deutschen Nationalbibliografie; detaillierte bibliografische Daten sind im Internet unter http://dnb.d-nb.de abrufbar.

Umschlagmotiv: shutterstock.com
Umschlaggestaltung: www.katjaholst.de
Satz und Layout: Achim Münster, Overath
Druck und Bindung: GGP Media GmbH, Pößneck
Printed in Germany
ISBN 978-3-7306-1211-8
www.anacondaverlag.de

Vorwort

In diesem Buch erzählen Frauen und Männer aus ihren Kindheitstagen: von ihrer Familie und Herkunft, von Schule und Freizeit, von ihren Freuden und Ängsten, Pflichten und Neigungen, vom Reifen und Aufbegehren. Sie tun das oft mit großer Einsicht und Sprachkraft, graben tief in ihren Erinnerungen und befördern neben mancher Anekdote starke Bilder ihres Seelenlebens hervor. Verblüffend leicht findet man sich beim Lesen in Gefühlen und Gedanken wieder, die vor hundert oder zweihundert Jahren durchlebt und ausgebrütet wurden.

Ihre jungen Jahre hatten diejenigen, die hier zu Wort kommen – überwiegend bedeutende Schriftstellerinnen und Schriftsteller –, in den zwei Jahrhunderten von 1720 bis 1920, also irgendwo zwischen König Friedrich II. von Preußen und Kaiser Wilhelm II. Die Kinder und Jugendlichen von damals hatten Spielzeug, Bücher und Lehrmethoden, die überwiegend aus der Mode gekommen sind. Zu ihrer Zeit endete die Jugend viel früher und bekamen nur sehr wenige junge Menschen die Chance, sich zu bilden und etwas aus sich zu machen. Und doch: Das Erkunden der Welt und die Suche nach dem eigenen Platz in ihr, der Kampf um Anerkennung und gegen Widerstände, die Lust am Lernen und das Grauen vor dem Turngerät, die erste Liebe und die ersten Schritte ins neue Lebensalter, all das lässt in uns Heutigen vieles anklingen und zeitlos wirken.

Mit dem ersten Babyschrei beginnt dieses Buch, und es führt bis an die Schwelle zum Erwachsensein. Locker gegliedert und mit kleinen Zäsuren in Form von Gedichten, folgt es der Chronologie im Leben eines jungen Menschen. Dabei können Texte aus verschiedenen Epochen nebeneinanderstehen; mithilfe des Registers ganz hinten, das die Lebensdaten der Autorinnen und Autoren verzeichnet, lässt sich jeder Text zeitlich leicht verorten. Die Beiträge stammen überwiegend aus autobiografischen Schriften, aber es finden sich auch Erzählungen und Auszüge aus Romanen. Das Erzählte dürfte sich überwiegend von selbst erschließen, andernfalls ist eine kurze Orientierung zum Kontext vorangestellt.

»Warum ist die Jugend die üppigste Zeit des Lebens?«, fragte einmal der Schriftsteller Heinrich von Kleist. »Weil kein Ziel so hoch und so fern ist, das sie sich nicht einst zu erreichen getraute. Vor ihr liegt eine Unendlichkeit –« Und dann beschreibt Kleist die Zukunft als ein Lotterielos in der »Urne des Schicksals«, in die man später einmal hineingreifen wird, um – mit hoher Wahrscheinlichkeit – eine Niete hervorzuziehen. Aber: »Noch ist nichts bestimmt, und alles möglich –« Darin liegt, was immer jemand persönlich an Unordnung und frühem Leid erfährt, der Zauber der jungen Jahre.

Klaus Mann

Der Wendepunkt

Erinnerungen sind aus wundersamem Stoff gemacht – trügerisch und dennoch zwingend, mächtig und schattenhaft. Es ist kein Verlass auf die Erinnerung, und dennoch gibt es keine Wirklichkeit außer der, die wir im Gedächtnis tragen. Jeder Augenblick, den wir durchleben, verdankt dem vorangegangenen seinen Sinn. Gegenwart und Zukunft würden wesenlos, wenn die Spur des Vergangenen aus unserem Bewusstsein gelöscht wäre. Zwischen uns und dem Nichts steht unser Erinnerungsvermögen, ein allerdings etwas problematisches und fragiles Bollwerk.

An was erinnern wir uns? An wie viel? Nach welchen Prinzipien bewahrt unser Geist die Spuren gewisser Eindrücke, während wir andere in den Abgrund des Unbewussten versinken lassen? Gibt es irgendeine Identität oder authentische Verwandtschaft zwischen meinem gegenwärtigen Ich und dem Knaben, dessen Lockenkopf ich von vergilbten Photographien kenne? Was wüsste ich von jenem goldhaarigen Kinde ohne die Andenken und Erzählungen, die vom kollektiven Familien-Gedächtnis – das heißt also von Augenzeugen der älteren Generation – überliefert werden? Wie mag es gewesen sein, die seidige Last dieser Locken zu tragen? Wenn ich versuche, die vergangene Sensation in mir wachzurufen, finde ich mich immer in einem bestimmten Zimmer unseres Münchener Hauses, dem Salon meiner Mutter, den wir Kinder übrigens nur selten betraten. Dort gab es auf einem runden kleinen Marmortisch eine flache Silberschale, in der eine Kollektion alter

Photographien aufbewahrt wurde. Es mag unter diesen Familienreliquien gewesen sein, dass ich das Porträt meines ehemaligen Selbst entdeckte. Wahrscheinlich war ich erst sechs oder sieben Jahre alt, als ich, ein pausbäckiger kleiner Narziss, mein eigenes Bildnis zum ersten Male bewunderte. Der Knabe, der Mutters Andenken in der verlassenen Wohnstube durchstöberte, hatte sein goldenes Gelock schon verloren: er trug eine schlichte Pagenfrisur, mit Fransen, die ihm tief in die Stirne hingen. Der Blick, mit dem er das lächelnde Antlitz seiner Vergangenheit betrachtete, war schon von Heimweh erfüllt.

An was also erinnere ich mich? Wer ist der Knabe, den ich im Dämmerlicht jenes Salons wiedererkenne? Ist es der, der die seidenen Locken trug? Oder ist es schon sein »alternder« Bruder, der sehnsüchtig auf eine Lieblichkeit schaut, die einmal die seine war? Erinnere ich mich der Locken oder nur der Erinnerung, die sie im Gemüt des lockenlosen Kindes zurückließen?

Unser Unterbewusstsein reagiert auf gewisse Zeichen, geheime Winke und Stichworte, die herbeigeweht kommen – niemand weiß, woher. Da ist ein Aroma, schwach und doch unverkennbar – ein Gemisch aus Gummi und lackiertem Holz, mit einer ganz leichten Beimischung von Kattun, dem Stoff, aus dem Vorhänge gemacht sind: die Vorhänge eines Kinderwagens. Aber ist es *mein* Kinderwagen, von dessen sanftem schwingendem Rhythmus ich mich jetzt wieder geschaukelt fühle? Oder täuscht mich die Erinnerung? Was ich jetzt für mein Erlebnis halte, gehört vielleicht in Wirklichkeit meinem jüngeren Bruder Golo. Schon immer hatte ich eine gewisse Neigung, ihm sein Eigentum wegzunehmen – Bonbons, Spielsachen oder die bunten Steine und Schneckenhäuser, die wir aus dem Garten ins Haus schleppten; denn ich war älter und größer als er – so musste er sich's wohl gefallen lassen. Versuche ich nun, ihm den seligen Schlummer seiner ersten Kindheit zu stehlen? Ich musste schon aufrecht gehen, mühselig, Schritt für Schritt, als er noch das Vorrecht genoss, herumgefahren zu werden. Kein Zweifel, der Kinderwagen, an den ich mich erinnere, ist eben der, um welchen ich Golo damals beneidete. Wie innig wir uns auch bemühen mögen, uns zurückzuversetzen in das Paradies vollkommener Wunschlosigkeit – das Gefühl, dessen wir uns wirklich entsinnen und welches uns zu jeder Zeit beherrscht zu haben scheint, ist immer nur die Sehnsucht nach einem Glück, das mit dem Beginn unseres bewussten Lebens verlorenging.

Der Kinderwagen ist das verlorene Paradies. Die einzig absolut glückliche Zeit in unserem Leben ist die, welche wir schlafend verbringen. Es gibt kein Glück, wo Erinnerung ist. Sich der Dinge erinnern, bedeutet, sich nach der Vergangenheit sehnen. Unser Heimweh beginnt mit unserem Bewusstsein.

Erich Mühsam

Latente Talente

Heutzutage führen in bürgerlichen Häusern verliebte Mütter sorgfältig Tagebuch über die frühen Ausstrahlungen des unverkennbaren Genies ihres Lieblings. Der arglose Besucher freut sich an der natürlichen Aufgewecktheit des spielenden Kindes und bekommt plötzlich zu Kaffee und Kuchen eine Sturzflut noch nicht dagewesener Beobachtungen, Randbemerkungen, kritischer Betrachtungen, psychologischer Finessen, dazu stoßweise Zeichnungen, Gedichte und sonstige Wunderwerke des kleinen Phänomens serviert. Man glaubt dann wirklich, den großen Philosophen, Dichter, Maler oder Reformator der künftigen Menschheit vor sich zu sehen, und lässt sich erst nach genossener Gastfreundschaft auf dem Nachhausewege von dem Gedanken ernüchtern, dass, seit das Buchführen über die geistigen Emanationen der Kinder in Mode geraten ist, reichlich viele latente Genies auf den Tummelplätzen der öffentlichen Anlagen aus Sand Kuchen backen. Sicherlich wird es den Kindern selbst später ganz nützliche Dienste leisten, dass die Eltern recht zeitig beobachtet haben, in welche Richtung die Anlagen des Sprösslings streben, und da die Vorurteile gegen künstlerische Berufe bei der zur Zeit Kinder erziehenden Generation ja einigermaßen geschwunden zu sein scheinen, da andrerseits die Registrierung der kindlichen Gescheitheiten zumeist doch nur in Kreisen üblich ist, die dem Nachwuchs die freie Berufswahl leisten können, so wird dadurch manchem jungen Menschen mancher Stein aus dem Wege seiner Entwicklung geschafft sein.

Früher war das anders. Die Eltern, die ihre Kinder zu ehrengeachteten Mitgliedern der Gesellschaft heranzuziehen trachteten, worunter sie die rechtschaffene Ausübung eines solid-bürgerlichen Berufes verstanden, der nach Absolvierung einer Reihe von Studien- oder Avancementjahren seinen Mann komfortabel zu ernähren vermöchte, bewunderten zwar auch oft kluge Fragen und niedliche Antworten der Kleinen mit viel Stolz, schätzten aber die Bekundung besonderer Talente erheblich niedriger ein als artiges Betragen und ließen die Beschäftigung mit Bleistift oder Tuschkasten und das Fabrizieren gereimter Geburtstagswünsche als Kinderspiel neben dem Häuserbau mit Holzklötzchen und dem Aufstellen der Bleisoldatenheere gelten. Traten beim heranwachsenden Schulkind dergleichen Neigungen mit dem Fanatismus der Monomanie zutage, dann begann ein erst stiller, allmählich offener energischer Kampf dagegen. Die frühreifen Produktionen wurden ignoriert, herabsetzend kritisiert, endlich mit Unterdrückungsmaßnahmen als Extravaganzen systematisch niedergehalten. Es entstanden Konflikte, die sich oft genug zu Tragödien auswuchsen. Fast alle meine Altersgenossen, die von einem übermächtigen Drang zur Besonderheit aus den Bezirken bürgerlicher Wohlhäbigkeit und damit aus dem Zusammenhalt ihrer Gesellschaftsklasse gerissen wurden, wissen davon ein Lied zu singen.

Ich erinnere mich eines Abends im alten »Café des Westens« am Künstlertisch, der vollbesetzt war. Schriftsteller, Maler, Bildhauer, Schauspieler, Musiker mit und ohne Namen saßen beisammen; da warf Ernst von Wolzogen die Frage auf, wer von uns konfliktlos und in Eintracht mit seinen Angehörigen zu seiner Lebensführung als Künstler gekommen sei. Es stellte sich heraus, dass wir allesamt, ohne eine einzige Ausnahme, Apostaten unserer Herkunft, missratene Söhne waren.

Es ist zu loben, dass heutzutage liebende Mütter die Klugheiten ihrer Kleinen in Tagebüchern niederlegen. Aber es ist nicht sicher, ob die versprochenen Schöpfungen der Genies jemals entstehen werden.

Gottfried August Bürger

Muttertändelei

Seht mir doch mein schönes Kind,
Mit den goldnen Zottellöckchen,
Blauen Augen, roten Bäckchen!
Leutchen, habt ihr auch so eins? –
Leutchen, nein ihr habet keins!

Seht mir doch mein süßes Kind!
Fetter als ein fettes Schneckchen,
Süßer als ein Zuckerweckchen!
Leutchen, habt ihr auch so eins? –
Leutchen, nein ihr habet keins!

Seht mir doch mein holdes Kind!
Nicht zu mürrisch, nicht zu wählig!
Immer freundlich, immer fröhlich!
Leutchen, habt ihr auch so eins? –
Leutchen, nein ihr habet keins!

Seht mir doch mein frommes Kind!
Keine bitterböse Sieben
Würd' ihr Mütterchen so lieben.
Leutchen, möchtet ihr so eins? –
Oh, ihr kriegt gewiss nicht meins!

Komm' einmal ein Kaufmann her!
Hunderttausend blanke Taler,
Alles Gold der Erde zahl' er!
Oh, er kriegt gewiss nicht meins!
Kauf' er sich woanders eins!

Ulrich Bräker

Lebensgeschichte und natürliche Abenteuer des armen Mannes im Tockenburg

Mein Geburtstag. (22. Dezembr. 1735.) – Für mich ein wichtiger Tag. Ich sei ein bisschen zu früh auf der Welt erschienen, sagte man mir. Meine Eltern mussten sich dafür verantworten. – Mag sein, dass ich mich schon im Mutterleibe nach dem Tageslichte gesehnt habe – und dies nach dem Licht sehnen geht mir wohl all meine Tage nach! Daneben war ich die erste Kraft meines Vaters – und Dank sei ihm unter der Erde von mir auch dafür gesagt! Er war ein hitziger Mann, voll warmen Blutes. O ich habe schon tausend Mal drüber nachgedacht und mir bisweilen einen andern Ursprung gewünscht, wenn flammende Leidenschaften in meinem Busen tobten und ich den heftigsten Kampf mit ihnen bestehen musste. Aber sobald Sturm und Wetter vorbei war, dankt' ich ihm doch wieder, dass er mir sein feuriges Temperament mitgeteilt hat, womit ich unzählige schuldlose Freuden lebhafter als so viele andere Leute genießen kann. Genug, an diesem 22. Dez. kam ich ans Tageslicht. Mein Vater sagte mir oft: Er habe sich gar nicht über mich gefreut: Ich sei ein armes elendes Geschöpf gewesen; nichts als kleine Beinerchen, mit einem verschrumpften Häutgen überzogen; und doch hätt' ich Tag und Nacht ein grässliches Zetergeschrei erhoben, das man bis ins Holz hören konnte, u.s.f. Er hat mich oft recht bös damit gemacht. Dachte: Ha, ich werd's auch gemacht haben wie andre neugeborne Kinder! Aber die Mutter gab ihm allemal Beifall. Nun, es kann sein.

Am H. Weihnachtstag ward ich getauft, in Wattweil; und ich freute mich schon oft, dass es gerad an diesem Tage geschah, da wir die Geburt unsers Hochgelobten Erlösers feiern. Und wenn's eine einfältige Freude ist, was macht's – gibt's doch gewiss noch viel kindischere? …

In meinen ersten Lebensjahren mag ich wohl ein wenig verzärtelt worden sein, wie's gewöhnlich mit allen ersten Kindern geht. Doch wollte mein Vater schon frühe genug mit der Rute auf mich dar; aber die Mutter und Großmutter nahmen mich in Schutz. Mein Vater war wenig daheim; er brannte hie und da im Land und an benachbarten Orten Salpeter. Wenn er dann wieder nach Hause kam, war er mir fremd. Ich floh ihn. Dies verdross den guten Mann so sehr, dass er mich mit der Rute zahm machen wollte. (Diese Torheit begehen viele neuangehende Väter und fordern nämlich von ihren ersten Kindern aus pur lauter Liebe, dass sie eine ebenso zärtliche Neigung gegen sie wie gegen ihre Mütter zeigen sollten. Und so hab' ich auch bei mir und viel andern Vätern wahrgenommen, dass sie ihre Erstgeborenen unter einer ungereimt scharfen Zucht halten, die dann bis zu den letzten Kindern nach und nach völlig erkaltet.)

Mein fernstes Denken. (1738.) – Gewiss kann ich mich so weit hinab – oder hinauf – wo nicht gar bis auf mein zweites Lebensjahr zurückerinnern. Ganz deutlich besinn' ich mich, wie ich auf allen Vieren einen steinigten Fußweg hinabkroch und einer alten Base durch Gebärden Äpfel abbettelte. – Ich weiß gewiss, dass ich wenig Schlaf hatte – dass meine Mutter, um hinter den Großeltern einen geheimen Pfenning zu verdienen, des Nachts verstohlnerweise beim Licht gesponnen – dass ich dann nicht in der Kammer allein bleiben wollte und sie darum eine Schürze auf den Boden spreiten musste, mich nackt darauf setzte und ich mit dem Schatten und ihrer Spindel spielte. – Ich weiß, dass sie mich oft durch die Wiese auf dem Arm dem Vater entgegentrug, und dass ich dann ein Mordiogeschrei anfing, sobald ich ihn erblickte, weil er mich immer rau anfuhr, wenn ich nicht zu ihm wollte. Seine Figur und Gebärden, die er dann machte, seh' ich jetzt noch wie lebendig vor mir.

Schon in Gefahr. (1739.) – Sobald ich die ersten Hosen trug, war ich meinem Vater schon lieber. Er nahm mich hie und da mit sich. Im Herbst d. J. brannte er im Gandten, eine halbe Stunde von Näbis entfernt, Salpeter. Eines Tags nahm er mich mit sich; und da Wind und Wetter einfiel, behielt er mich zu Nacht bei sich. Die Salpeterhütte war vor dem Tenn und sein Bett im Tenn. Er legte mich darein und sagte liebkosend, er wolle bald auch zu mir liegen. Unterdessen fuhr er fort zu feuern, und ich schlief ein. Nach einem Weilchen erwacht' ich wieder und rief ihm – Keine Antwort. – Ich stund auf, trippelte im Hemdli nach der Hütte und um den Gaden überall herum, rief – schrie! Nirgends kein Vater. Nun glaubt' ich gewiss, er wäre heim zu der Mutter gegangen. Ich also hurtig, legte die Höslin an, nahm das Brusttüchlin übern Kopf und rannte in der stockfinstern Regennacht zuerst über die nächstanstoßende lange Wiese. Am End derselben rauschte ein wildangelaufener Bach durch ein Tobel. Den Steg konnt' ich nicht finden und wollte darum ohne weiters und gerade hinüber, dem Näbis zu, glitschte aber über eine Riese zum Bach hinab, wo mich das Wasser beinahe ergriffen hätte. Die äußerste Anstrengung meiner jugendlichen Kräfte half mir noch glücklich davon. Ich kroch wieder auf allen Vieren durch Stauden und Dörn' hinauf der Wiese zu, auf welcher ich überall herumirrte und den Gaden nicht mehr finden konnte – als ich gegen einer Windhelle zwei Kerls – Birn- oder Äpfeldiebe – auf einem Baum ansichtig ward. Diesen ruft ich zu, sie sollten mir doch auf den Weg helfen. Aber da war kein Bescheid; vielleicht dass sie mich für ein Ungeheuer hielten und oben im Gipfel noch ärger zittern mochten als ich armer Bube unten im Kot. – Inzwischen war mein Vater, der während meinem Schlummer nach einem ziemlich entfernten Haus ging, etwas zu holen, wieder zurückgekehrt. Da er mich vermisste, suchte er in allen Winkeln nach, wo ich mich etwa möchte verkrochen haben, zündete bis in die siedenden Kessel hinein und hörte endlich mein Geschrei, dem er nachging, und mich nun bald ausfindig machte. Oh, wie er mich da herzte und küsste, Freudentränen weinte und Gott dankte und mich, sobald wir zum Gaden zurückkamen, sauber und trocken machte – denn ich war mausnass, dreckig bis über die Ohren und hatte aus Angst noch in die Hosen … Morndess am Morgen führte er mich an der Hand durch die Wiese: ich sollt ihm auch den Ort zeigen, wo ich heruntergepurzelt. Ich konnt' ihn nicht finden. Zuletzt fand er ihn an dem Geschlirpe, das ich beim Hinabrutschen gemacht; schlug dann die Händ' überm Kopf zusammen vor Entsetzen über die Gefahren, worin ich geschwebt, und vor Lob und Preis über die Wunderhand Gottes, die mich allein erretten konnte: »Siehst du«, sprach er, »nur noch wenige Schritte, so stürzt der Bach über den Felsen hinab. Hätt' dich das Wasser fassen können, so lägst du dort unten tot und zermürset!« Von allem diesem begriff ich damals kein Wort; ich wusste nur von meiner Angst, nichts von Gefahr. Besonders aber schwebten die Kerle auf dem Baum mir viele Jahre vor Augen, sobald mich nur ein Wort an die Geschichte erinnerte.

Karl Philipp Moritz

Anton Reiser

In der Vorrede zu seinem einflussreichen psychologischen Roman schrieb der Autor, das Buch »könnte auch allenfalls eine Biographie genannt werden, weil die Beobachtungen größtenteils aus dem wirklichen Leben genommen sind«.

Seine Einbildungskraft machte die meisten Leiden und Freuden seiner Kindheit. Wie oft, wenn er an einem trüben Tage bis zum Überdruss und Ekel in der Stube eingesperrt war und etwa ein Sonnenstrahl durch eine Fensterscheibe fiel, erwachten auf einmal in ihm Vorstellungen vom Paradiese, vom Elysium oder von der Insel der Kalypso, die ihn ganze Stunden lang entzückten.

Aber von seinem zweiten und dritten Jahre an erinnert er sich auch der höllischen Qualen, die ihm die Märchen seiner Mutter und seiner Base im Wachen und im Schlafe machten: wenn er bald im Traume lauter Bekannte um sich her sah, die ihn plötzlich mit scheußlich verwandelten Gesichtern anbleckten, bald eine hohe düstre Stiege hinaufstieg und eine grauenvolle Gestalt ihm die Rückkehr verwehrte, oder gar der Teufel bald wie ein fleckiges Huhn, bald wie ein schwarzes Tuch an der Wand ihm erschien.

Als seine Mutter noch mit ihm auf dem Dorfe wohnte, jagte ihm jede alte Frau Furcht und Entsetzen ein, so viel hörte er beständig von Hexen und Zaubereien; und wenn der Wind oft mit sonderbarem Getön durch die Hütte pfiff, so nannte seine Mutter dies im allegorischen Sinn den handlosen Mann, ohne weiter etwas dabei zu denken. Allein sie würde es nicht getan haben, hätte sie gewusst, wie manche grauenvolle Stunde und wie manche schlaflose Nacht dieser handlose Mann ihrem Sohne noch lange nachher gemacht hat.

Insbesondre waren immer die letzten vier Wochen vor Weihnachten für Anton ein Fegefeuer, wogegen er gerne den mit Wachslichtern besteckten und mit übersilberten Äpfeln und Nüssen behängten Tannenbaum entbehrt hätte.

Da ging kein Tag hin, wo sich nicht ein sonderbares Getöse wie von Glocken oder ein Scharren vor der Türe oder eine dumpfe Stimme hätte hören lassen, die den sogenannten Ruprecht oder Vorgänger des heiligen Christs anzeigte, den Anton denn im ganzen Ernst für einen Geist oder ein übermenschliches Wesen hielt, und so ging auch diese ganze Zeit über keine Nacht hin, wo er nicht mit Schrecken und Angstschweiß vor der Stirne aus dem Schlaf erwachte.

Dies währte bis in sein achtes Jahr, wo erst sein Glaube an die Wirklichkeit des Ruprechts sowohl als des heiligen Christs an zu wanken fing.

So teilte ihm seine Mutter auch eine kindische Furcht vor dem Gewitter mit. Seine einzige Zuflucht war alsdann, dass er, so fest er konnte, die Hände zusammenfaltete und sie nicht wieder auseinanderließ, bis das Gewitter vorüber war; dies, nebst dem über sich geschlagenen Kreuze, war auch seine Zuflucht und gleichsam eine feste Stütze, sooft er alleine schlief, weil er dann glaubte, es könne ihm weder Teufel noch Gespenster etwas anhaben.

Seine Mutter hatte einen sonderbaren Ausdruck, dass einem, der vor einem Gespenste fliehen will, die Fersen lang werden; dies fühlte er im eigentlichen Verstande, sooft er im Dunkeln etwas Gespensterähnliches zu sehen glaubte. Auch pflegte sie von einem Sterbenden zu sagen, dass ihm der Tod schon auf der Zunge sitze; dies nahm Anton ebenfalls im eigentlichen Verstande, und als der Mann seiner Base starb, stand er neben dem Bette und sah ihm sehr scharf in den Mund, um den Tod auf der Zunge desselben, etwa wie eine kleine schwarze Gestalt, zu entdecken.

Die erste Vorstellung über seinen kindischen Gesichtskreis hinaus bekam er ungefähr im fünften Jahre, als seine Mutter noch mit ihm in dem Dorfe wohnte und eines Abends mit einer alten Nachbarin, ihm und seinen Stiefbrüdern allein in der Stube saß.

Das Gespräch fiel auf Antons kleine Schwester, die vor kurzem in ihrem zweiten Jahre gestorben war, und worüber seine Mutter beinahe ein Jahr lang untröstlich blieb.

Wo wohl jetzt Julchen sein mag?, sagte sie nach einer langen Pause und schwieg wieder. Anton blickte nach dem Fenster hin, wo durch die düstre Nacht kein Lichtstrahl schimmerte, und fühlte zum ersten Male die wunderbare Einschränkung, die seine damalige Existenz von der gegenwärtigen beinahe so verschieden machte wie das Dasein vom Nichtsein.

Wo mag jetzt wohl Julchen sein?, dachte er seiner Mutter nach, und Nähe und Ferne, Enge und Weite, Gegenwart und Zukunft blitzte durch seine Seele. Seine Empfindung dabei malt kein Federzug; tausend Mal ist sie wieder in seiner Seele, aber nie mit der ersten Stärke, erwacht.

Wie groß ist die Seligkeit der Einschränkung, die wir doch aus allen Kräften zu fliehen suchen! Sie ist wie ein kleines glückliches Eiland in einem stürmischen Meere; wohl dem, der in ihrem Schoße sicher schlummern kann, ihn weckt keine Gefahr, ihm drohen keine Stürme. Aber wehe dem, der von unglücklicher Neugier getrieben, sich über dies dämmernde Gebirge hinauswagt, das wohltätig seinen Horizont umschränkt. Er wird auf einer wilden stürmischen See von Unruh und Zweifel hin und her getrieben, sucht unbekannte Gegenden in grauer Ferne, und sein kleines Eiland, auf dem er so sicher wohnte, hat alle seine Reize für ihn verloren.

Eine von Antons seligsten Erinnerungen aus den frühesten Jahren seiner Kindheit ist, als seine Mutter ihn in ihren Mantel eingehüllt durch Sturm und Regen trug. Auf dem kleinen Dorfe war die Welt ihm schön, aber hinter dem blauen Berge, nach welchem er immer sehnsuchtsvoll blickte, warteten schon die Leiden auf ihn, die die Jahre seiner Kindheit vergällen sollten.

Da ich einmal in meiner Geschichte zurückgegangen bin, um Antons erste Empfindungen und Vorstellungen von der Welt nachzuholen, so muss ich hier noch zwei seiner frühesten Erinnerungen anführen, die seine Empfindung des Unrechts betreffen.

Er ist sich deutlich bewusst, wie er im zweiten Jahre, da seine Mutter noch nicht mit ihm auf dem Dorfe wohnte, von seinem Hause nach dem gegenüberstehenden über die Straße hin und wieder lief und einem wohlgekleideten Manne in den Weg rannte, gegen den er heftig mit den Händen ausschlug, weil er sich selbst und andre zu überreden suchte, dass ihm Unrecht geschehen sei, ob er gleich innerlich fühlte, dass er der beleidigende Teil war.

Diese Erinnerung ist wegen ihrer Seltenheit und Deutlichkeit merkwürdig; auch ist sie echt, weil der Umstand an sich zu geringfügig war, als dass ihm nachher jemand davon hätte erzählen sollen.

Die zweite Erinnerung ist aus dem vierten Jahre, wo seine Mutter ihn wegen einer wirklichen Unart schalt; indem er sich nun gerade auszog, fügte es sich, dass eines seiner Kleidungsstücke mit einigem Geräusch auf den Stuhl fiel; seine Mutter glaubte, er habe es aus Trotz hingeworfen, und züchtigte ihn hart.

Dies war das erste wirkliche Unrecht, was er tief empfand und was ihm nie aus dem Sinne gekommen ist; seit der Zeit hielt er auch seine Mutter für ungerecht, und bei jeder neuen Züchtigung fiel ihm dieser Umstand ein.

Ich habe schon erwähnt, wie ihm der Tod in seiner Kindheit vorgekommen sei. Dies dauerte bis in sein zehntes Jahr, als einmal eine Nachbarin seine Eltern besuchte und erzählte, wie ihr Vetter, der ein Bergmann war, von der Leiter hinunter in die Grube gefallen sei und sich den Kopf zerschmettert habe.

Anton hörte aufmerksam zu, und bei dieser Kopfzerschmetterung dachte er sich auf einmal ein gänzliches Aufhören von Denken und Empfinden und eine Art von Vernichtung und Ermangelung seiner selbst, die ihn mit Grauen und Entsetzen erfüllte, sooft er wieder lebhaft daran dachte. Seit der Zeit hatte er auch eine starke Furcht vor dem Tode, die ihm manche traurige Stunde machte.

Noch muss ich etwas von seinen ersten Vorstellungen, die er sich ebenfalls ungefähr im zehnten Jahre von Gott und der Welt machte, sagen.

Wenn oft der Himmel umwölkt und der Horizont kleiner war, fühlte er eine Art von Bangigkeit, dass die ganze Welt wiederum mit ebenso einer Decke umschlossen sei wie die Stube, worin er wohnte, und wenn er dann mit seinen Gedanken über diese gewölbte Decke hinausging, so kam ihm diese Welt an sich viel zu klein vor, und es deuchte ihm, als müsse sie wiederum in einer andern eingeschlossen sein, und das immer so fort.

Ebenso ging es ihm mit seiner Vorstellung von Gott, wenn er sich denselben als das höchste Wesen denken wollte.

Er saß einmal in der Dämmerung an einem trüben Abend allein vor seiner Haustüre und dachte hierüber nach, indem er oft gen Himmel blickte und dann wieder die Erde ansah und bemerkte, wie sie selbst gegen den trüben Himmel so schwarz und dunkel war. Über den Himmel dachte er sich Gott; aber jeder, auch der höchste Gott, den sich seine Gedanken schufen, war ihm zu klein und musste immer wieder noch einen höhern über sich haben, gegen den er ganz verschwand, und das so ins Unendliche fort.

Doch hatte er hierüber nie etwas gelesen noch gehört. Was am sonderbarsten war, so geriet er durch sein beständiges Nachdenken und Insichgekehrtsein sogar auf den Egoismus, der ihn beinahe hätte verrückt machen können.

Weil nämlich seine Träume größtenteils sehr lebhaft waren und beinahe an die Wirklichkeit zu grenzen schienen, so fiel es ihm ein, dass er auch wohl am hellen Tage träume und die Leute um ihn her, nebst allem, was er sah, Geschöpfe seiner Einbildungskraft sein könnten.

Dies war ihm ein erschrecklicher Gedanke, und er fürchtete sich vor sich selber, sooft er ihm einfiel, auch suchte er sich dann wirklich durch Zerstreuung von diesen Gedanken loszumachen.

Jeremias Gotthelf

Der Bauern-Spiegel

Dieser Auszug steckt voller wunderbarer Wörter, die nur kennt, wer Berndeutsch beherrscht; wobei sich ihre Bedeutungen mehr oder weniger zusammenreimen lassen, weshalb sie nicht erklärt werden.

Ich war ein sehr wertes Kind und wurde natürlich ein sehr fettes; denn darin zeigt sich bei gar vielen Leuten, die nicht gelernt, wann sie gutmütig, wann sie vernünftig sein sollen, die Liebe, dass sie den Kindern so viele und so gute Speisen einschoppen, als zum Mund hinein mag; an die Folgen denken sie nicht. Es war früher der Großmutter Stolz gewesen, im Sommer ihre Pflanz- und Flachsplätze, im Winter ihre Schweine und ihren Kuder an der Stange zeigen zu können und rühmen zu hören; jetzt musste ich gezeigt und gerühmt sein Sommer und Winter. Wer etwas von ihr wollte, der musste mir nur recht flattieren, dann konnte er der Gewährung seiner Bitte sicher sein. Sie ferggete mich überall mit sich herum, in der Küche, in dem Garten, und wenn sie spann, so trieb der eine Fuß das Rad, der andere die Wiege. Der Großvater hatte mich fast ebenso lieb, obgleich ihm anfangs das Geschrei des Nachts zuwider gewesen war. Als ich mich nach und nach entwickelte und das innere Leben durch Zeichen und Töne kundgeben konnte, da soll der Großvater nie vom Felde oder einem Gange heimgekommen sein, ohne zuerst nach mir zu sehen. Großmutter behauptete steif und fest, es gebe nicht nur kein so schweres, sondern auch kein so witziges und frommes Kind als ihren Miaßli; ich könne schon beten, behauptete sie, als ich kaum ein halb Jahr alt war, weil ich zuweilen zufällig die Händchen zusammenlegte.

Man sollte diesem nach glauben, ich sei den andern Hausgenossen umso unwerter geworden, je werter mich die Großeltern hielten; denn man sieht sonst meist, dass, wenn Menschen oder Tiere von den einen mit besonderer Liebe behandelt werden, die andern sie hassen und insgeheim verfolgen. Es ist auch natürlich, indem die meisten Menschen nur ein bestimmtes Maß von Liebe haben. Erhalten die einen zu viel davon, so zieht es den andern zu wenig. Auch müssen gar oft unter der Meisterlosigkeit eines Hausgenossen, eines Kindes oder einer Katze alle leiden und Verdruss ausstehen; das macht nicht gutes Blut, und die Meisterlosigen müssen es entgelten, wenn sie sich schon dessen nicht vermögen; denn an ihrer Meisterlosigkeit sind andere schuld, überhaupt sind die Menschen zum Neid geneigt, und wenn einer geliebt wird, so hassen ihn viele schon deswegen, auch wenn er ihnen nie in den Weg gekommen. Schlug ja doch Kain den Abel aus Neid tot, obgleich Abel nichts dafür konnte, dass des Kains Opfer Gott nicht angenehm war. So ging es mir aber nicht. Ich war nicht nur allen lieb, sondern zum Teil Ursache, dass sich die einen auch mehr liebten, und oft den andern ein Ableiter großelterlicher Scheltungen. Ich war gar ein freundliches Kind, auch neugierig, fragte viel und hieß daher gar kurzweilig. Meines Vaters Brüder waren sonst die unfreundlichsten Menschen und gaben um einen Kreuzer, so nötig sie ihn hatten, kein gutes Wort; mir aber konnten sie nicht widerstehen. Es kam ihnen nicht in den Sinn, den Großeltern zulieb mir zu flattieren; dazu waren sie zu holzböckisch. Sie waren überhaupt nicht gewohnt, jemand Liebe zu zeigen oder etwas zulieb zu tun. Man war in unserm Hause nicht gewohnt zu zanken; aber gute Worte gab man sich eben auch nicht. Die Großeltern hatten ein raues Äußere, liebten zwar ihre Kinder, aber hatten weder Zeit noch Geschick, es ihnen zu zeigen.

So waren die Kinder sauertöpfig geworden, und wenn man aus sauern Gesichtern Essig ziehen könnte, so hätten wir nie zu kaufen gebraucht. Mir aber lachten sie von Weitem entgegen; jeder wollte mich haben, und welchen ich beim Bein nahm, der hob mich auf den Arm und trug mich in den Stall zu den Pferden und Kühen. Die Großmutter wunderte sich oft darüber, dass sie mit mir so freundlich seien; sie wusste nicht, dass eigentlich jeder Mensch Liebe in der Brust hat, auch wenn sie hart wie Felsen scheint; dass in der Tat viele Menschen die Liebe nicht zeigen können, gewöhnlich weil sie in der Jugend zurückgedrängt worden. Niemand aber kann Liebe nach außen ziehen und sie hervorlocken wie ein unschuldig Kind.

Meine Tanten durften sich zuweilen mit mir versäumen; dafür erhielt ich von ihnen als Kram immer alle Birnenschnitze, die ihnen an den Märiten übrigblieben. Am glücklichsten wurden durch mich meine Geschwister, zwei Mädchen und ein Knabe. Bis dahin hätten sie nirgends sein sollen; sie waren allenthalben im Wege: am Tisch, im Haus und ums Haus. Alles fuhr über die Bursche aus: war etwas zerbrochen, sie hatten es getan; verloren, sie hatten es verschleipft; zertreten, sie hatten da gegürtet. Jedes klagte, sie seien einem immer unter den Füßen und doch nichts zu brauchen, und wie viel Haarrüpfe, Stöße, Ohreten es da absetzte, kann niemand zählen. Natürlich wurden sie auf diese Weise nicht die besten, und weil sie doch alles getan haben sollten, so taten sie, was sie konnten; und weil sie niemand liebte, so liebten sie wieder niemanden. Mein Vater nahm sie so wenig in Schutz, als er meine Mutter beschirmte. Er hatte es ungern, wenn es um ihretwillen Verdruss gab, und hielt daher immer die Kinder im Fehler; zwar prügelte und schimpfte er sie selten aus, aber gute Worte gab er ihnen ebenso wenig. Meine Mutter nahm sich ihrer oft an, allein nicht aus eigentlicher Teilnahme und Mitleiden, sondern aus Widerspruchsgeist, und weil sie nicht dulden wollte, dass man ihnen befehle, weil es ihre Kinder seien. Sie war ihnen daneben aber nichts weniger als eine zärtliche Mutter; dazu war ihre Selbstsucht zu groß; sie machten ihr zu wenig und gaben ihr zu viel zu tun, und wenn sie zu keiner Arbeit zur rechten Zeit kam, so sollten immer die Kinder schuld sein. Es gibt gar viele Leute dieser Art, die ihre Obliegenheiten nicht erfüllen mögen und die Ursache davon nie bei sich selbst, sondern bei andern suchen und es diese entgelten lassen. Die Kinder waren immer schlecht gekleidet. Die Großeltern nahmen zweimal im Jahr Schneider und Schuhmacher und im Herbst eine Lismerin auf die Stör; so erhielten die Geschwister an Kleidern und Schuhen auch ihren Teil. Ihre alten Kleider aber wollte die Großmutter nicht durch den Schneider plätzen lassen, das solle die Mutter tun; sie verrichte sonst nicht viel, und ihr bisschen Nähen trage nichts ab. Die Mutter erhielt auch die Wolle zu den Winterstrümpfen für ihren Mann und die Kinder; man konnte aber darauf zählen, dass diese Strümpfe um Weihnacht nie fertig waren und die Kinder entweder mit blauen Beinen herumliefen oder die Fetzen der letztjährigen ihnen zu den Schuhen heraushingen. Die Großeltern konnten sich dann nicht enthalten, nach den Strümpfen zu fragen und zu sticheln, und jedes Mal, wenn die Mutter um ihrer Saumseligkeit willen, oder weil sie sich lieber eine neue Blegi an ein altes Gloschli nähte, als für die Kinder lismete, einen Stich erhalten, fand sie eine Ursache, die Kinder zu prügeln.

So wie ich heranwuchs, änderte sich das Verhältnis meiner Geschwister zu Hause. Kinder werden immer zu Kindern hingezogen; denn in ihnen liegt ja auch der Trieb, sich mitzuteilen, sich anzuschließen; so hing ich mit Leib und Seele an meinem Bruder und meinen Schwestern. Je seltener ich anfänglich zu ihnen kommen konnte, desto stärker wurde diese Liebe, desto glücklicher war ich, wenn ich einmal eine Stunde mit ihnen g'vätterlen konnte. Meine Geschwister kamen nämlich, außer um zu essen, selten ins großväterliche Haus; man duldete sie ungern und sie kamen ungern, weil sie entweder auf Schläge oder auf Tadel zählen konnten. Sowie ich eines ansichtig wurde, ruhete ich nicht, bis es bei mir war, und solange es bei mir war, durfte ihm niemand etwas tun. Was ich hatte, jeden Leckerbissen, teilte ich mit ihnen. Die Großmutter machte in ihrer Schwäche gegen mich den Großvater manchmal lachen, und doch war er nicht stärker. Im Speicher waren die Vorräte von dürrem Zeug: Äpfel, Birnen, Kirschen und Zwetschen lagen da ganze Kasten voll; in den Speicher zu kommen war meine Seligkeit, denn allemal trug ich alle Säcke voll hinaus. Nun war es recht lächerlich, wie die Großmutter, wenn sie in den Speicher gehen wollte, nicht ruhte, bis ich es bemerkte, oder, wenn ich nicht in der Stube war, mit dem Speicherschlüssel im ganzen Hause herumlief, bis sie mich ansichtig wurde und ich den Speicherschlüssel sah. Natürlich hängte ich mich alsobald an ihre Schürze und wollte mit. Sie aber stellte sich dann immer, als wollte sie mich durchaus nicht mitlassen, schalt mich aus, dass ich alles sehen müsse, was ich nicht solle; drohte, sie wolle mich dem Großvater verklagen, der gewöhnlich aus irgendeinem Stalle dem Spiel lachend zusah. Nach und nach erlaubte sie mir mitzugehen, aber versicherte bestimmt, sie werde mir durchaus nichts geben, und das Ende vom Lied war immer, dass ich mit gefüllten Säcken unter vielem Balgen der Großmutter herauskam, die aber doch, wenn ich einen Sack zu füllen vergessen hatte, mich selbst darauf aufmerksam gemacht hätte. Mit den eroberten Schätzen eilte ich zu meinen Geschwistern, teilte redlich mit ihnen und machte dadurch auch sie, die nie zu dergleichen Herrlichkeiten gekommen waren, glücklich. Daher liebten sie mich und trugen alle mögliche Sorgfalt für mich, und wenn sie in Feld oder Wald etwas fanden, von dem sie glaubten, es freue mich, so brachten sie es mir. So wurden meine Geschwister dem ganzen Hause befreundeter, den Großeltern lieber, und als Folge davon zeigten sie sich gefälliger, betrugen sich besser und wurden ihres Lebens ordentlich froh, weil sie allenthalben sein durften, ohne verschüpft und mit Schlägen bedroht zu werden. Selbst meine Mutter hatte die Liebe der andern zu mir zu genießen, wurde als meine Mutter mehr als Sohnsfrau gehalten und darauf gesehen, dass ihr das Nötige nicht fehle. Ich glaube zwar, sie habe mich beneidet, obgleich sie mich an sich zu locken suchte, wahrscheinlich um mich auszufragen, was im Hause getrieben, was, besonders über sie, geredet werde. Ich hatte sie auch lieb, doch war ich nicht gern bei ihr in ihrer Stube; es war mir zu enge dort und unwohl. Die Mutter war, was hoffärtigen Mädchen gerne geschieht, eine Hotsch geworden; das Stübchen lüftete sie nicht, räumte nicht auf; sie selbst war entweder unvernünftig geputzt oder eine Schlampe, das erstere immer seltener, das letztere alle Tage.

Man kann sich denken, wie glücklich mir auf diese Weise die ersten Tage meines Lebens verflossen! Ich war der Mittelpunkt einer großen Haushaltung und nicht nur ein gesegnetes Kind, sondern auch der Segen anderer; denn von mir aus kam die Liebe in die verschiedenen Glieder und ein heiteres Lebenslos schien mir bestimmt; aber der Vater im Himmel hatte es anders beschlossen.

Friedrich Hebbel

Aus meiner Jugend

Schon in der frühesten Zeit war die Phantasie außerordentlich stark in mir. Wenn ich des Abends zu Bett gebracht wurde, so fingen die Balken über mir zu kriechen an, aus allen Ecken und Winkeln des Zimmers glotzten Fratzengesichter hervor, und das Vertrauteste, ein Stock, auf dem ich selbst zu reiten pflegte, der Tischfuß, ja die eigene Bettdecke mit ihren Blumen und Figuren wurden mir fremd und jagten mir Schrecken ein. Ich glaube, es ist hier zwischen der unbestimmten allgemeinen Furcht, die allen Kindern ohne Ausnahme eigen ist, und einer gesteigerten, die ihre Angstgebilde in schneidend scharfen Formen verkörpert und der jungen Seele wahrhaft objektiv macht, wohl zu unterscheiden. Jene teilte mein Bruder, der neben mir lag, aber ihm fielen immer sehr bald die Augen zu, und dann schlief er ruhig bis an den hellen Morgen; diese quälte mich allein, und sie hielt den Schlaf nicht bloß von mir fern, sondern scheuchte ihn auch, wenn er schon gekommen war, oft noch wieder fort und ließ mich mitten in der Nacht um Hilfe rufen. Wie tief sich die Ausgeburten derselben mir eingeprägt haben, geht daraus hervor, dass sie mit voller Gewalt in jeder ernsten Krankheit wiederkehren; sowie das fieberisch siedende Blut mir übers Gehirn läuft und das Bewusstsein ertränkt, stellen die ältesten Teufel, alle später geborenen vertreibend und entwaffnend, sich wieder ein, um mich zu martern, und das beweist ohne Zweifel am besten, wie sie mich einst gemartert haben müssen.

Aber auch am Tage war die Phantasie ungewöhnlich und vielleicht krankhaft rege in mir. Hässliche Menschen zum Beispiel, über die mein Bruder lachte und die er nachäffte, erfüllten mich mit Grauen. Ein kleiner buckliger Schneider, an dessen dreieckigem leichenblassem Gesicht freilich unmäßig lange Ohren saßen, die noch obendrein hochrot und durchsichtig waren, konnte nicht vorbeigehen, ohne dass ich schreiend ins Haus lief, und fast den Tod hätte ich davon genommen, als er mir, höchlich aufgebracht, einmal folgte, mich einen dummen Jungen scheltend und mit meiner Mutter keifend, weil er glaubte, dass sie ihn in der häuslichen Erziehung als Knecht Ruprecht verwende. Ich konnte keine Knochen sehen und begrub auch den kleinsten, der sich in unserem Gärtchen entdecken ließ, ja, ich merzte später in Susannas Schule das Wort Rippe mit den Nägeln aus meinem Katechismus aus, weil es mir den eklen Gegenstand, den es bezeichnet, immer so lebhaft vergegenwärtigte, als ob er selbst in widerwärtiger Modergestalt vor mir läge.

Dagegen war mir aber auch ein Rosenblatt, das der Wind mir über den Zaun wehte, so viel und mehr, wie anderen die Rose selbst, und Wörter wie Tulpe und Lilie, wie Kirsche und Aprikose, wie Apfel und Birne versetzten mich unmittelbar in Frühling, Sommer und Herbst hinein, sodass ich die Fibelstücke, in denen sie vorkamen, vor allem gern laut buchstabierte und mich jedes Mal ärgerte, wenn die Reihe mich nicht traf. Nur bedarf man leider in der Welt viel öfter des Verkleinerungs- als des Vergrößerungsglases, und davon ist selbst die schöne Jugendzeit nur in den seltensten Fällen ausgenommen. Denn wie man vom Pferde sagt, dass es den Menschen darum respektiert, weil es nach der Konstruktion seines Auges einen Riesen in ihm erblickt, so steht auch das mit Phantasie begabte Kind nur deshalb vor einem Sandkorn still, weil es ihm ein unübersteiglicher Berg scheint. Die Dinge selbst können hier also nicht den Maßstab abgeben, sondern man muss nach dem Schatten fragen, den sie werfen, und so kann der Vater oft lachen, während der Sohn Höllenqualen erleidet, weil die Gewichte, womit beide wägen, eben grundverschieden sind.

Ein an sich drolliger Vorfall gehört hieher, da er gerade diesen für die Erziehung höchst wichtigen Punkt ins klarste Licht setzt. Ich sollte einmal zu Mittag eine Semmel holen, die Bäckersfrau reichte sie mir und gab mir zugleich in großmütiger Laune einen alten Nussknacker, der sich beim Aufräumen irgendwo vorgefunden haben mochte, mit auf den Weg. Ich hatte noch nie einen Nussknacker gesehen, ich kannte keine seiner verborgenen Eigenschaften und nahm ihn hin wie jede andere Puppe, die sich durch rote Backen und glotzende Augen empfahl. Vergnügt den Rückweg antretend und den Nussknacker als neugewonnenen Liebling zärtlich an die Brust drückend, bemerkte ich plötzlich, dass er den Rachen öffnet und mir zum Dank für die Liebkosung seine grimmigen weißen Zähne zeigt. Man male sich meinen Schreck aus! Ich kreischte hell auf, ich rannte wie gehetzt über die Straße, aber ich hatte nicht so viel Besinnung oder Mut, den Unhold von mir zu werfen, und da er natürlich nach Maßgabe meiner eigenen Bewegungen während des Laufens sein Maul bald schloss, bald wieder aufriss, so konnte ich nicht umhin, ihn für lebendig zu halten, und kam halbtot zu Hause an. Hier wurde ich nun zwar ausgelacht und aufgeklärt, zuletzt gar gescholten, es half aber alles nichts, es war mir nicht möglich, mich mit dem Ungetüm wieder auszusöhnen, obgleich ich seine Unschuld erkannte, und ich ruhte nicht, bis ich die Erlaubnis erhielt, ihn an einen andern Knaben wieder zu verschenken. Als mein Vater die Sache erfuhr, meinte er, es gäbe keinen zweiten Jungen, dem so etwas begegnen könne; das war sehr wohl möglich, denn es gab vielleicht keinen, dem die Vettern des Nussknackers des Abends vor dem Eindämmern vom Boden und von den Wänden herab schon Gesichter geschnitten hatten. Bei Nacht gipfelte diese Tätigkeit meiner gärenden Phantasie in einem Traum, der so ungeheuerlich war und einen solchen Eindruck in mir zurückließ, dass er eben deshalb sieben Mal hintereinander wiederkehrte. Mir war, als hätte der liebe Gott, von dem ich schon so manches gehört hatte, zwischen Himmel und Erde ein Seil ausgespannt, mich hineingesetzt und sich danebengestellt, um mich zu schaukeln. Nun flog ich denn ohne Rast und Aufenthalt in schwindelerregender Eile hinauf und hinunter; jetzt war ich hoch in den Wolken, die Haare flatterten mir im Winde, ich hielt mich krampfhaft fest und schloss die Augen; jetzt war ich dem Boden wieder so nah, dass ich den gelben Sand sowie die kleinen roten und weißen Steinchen deutlich erblicken, ja mit den Fußspitzen erreichen konnte. Dann wollte ich mich herauswerfen, aber das kostete doch einen Entschluss, und bevor es mir gelang, ging's wieder in die Höhe, und mir blieb nichts übrig, als abermals ins Seil zu greifen, um nicht zu stürzen und zerschmettert zu werden. Die Woche, in welche dieser Traum fällt, war vielleicht die entsetzlichste meiner Kindheit, denn die Erinnerung an ihn verließ mich den ganzen Tag nicht, und da ich, sowie ich trotz meines Sträubens zu Bett gebracht wurde, die Angst vor seiner Wiederkehr gleich mit hinein, ja unmittelbar mit in den Schlaf hinüber nahm, so war es kein Wunder, dass er sich auch immer wieder einstellte, bis er sich allmählich abschwächte.

Karl May

Mein Leben und Streben

Ich war weder blind geboren noch mit irgendeinem vererbten, körperlichen Fehler behaftet. Vater und Mutter waren durchaus kräftige, gesunde Naturen. Sie sind bis zu ihrem Tode niemals krank gewesen. Dass ich kurz nach der Geburt sehr schwer erkrankte, das Augenlicht verlor und volle vier Jahre siechte, war nicht eine Folge der Vererbung, sondern der rein örtlichen Verhältnisse, der Armut, des Unverstandes und der verderblichen Medikasterei, der ich zum Opfer fiel. Sobald ich in die Hand eines tüchtigen Arztes kam, kehrte mir das Augenlicht wieder, und ich wurde ein höchst kräftiger und widerstandsfähiger Junge, der stark genug war, es mit jedem andern aufzunehmen. …

In meiner Erinnerung tritt zuerst das Märchen »von der verloren gegangenen und vergessenen Menschenseele« auf. Sie tat mir so unendlich leid, diese Seele. Ich habe mit meinen blinden, lichtlosen Kindesaugen um sie geweint. Für mich enthielt diese Erzählung die volle Wahrheit. Aber erst nach Jahren, als ich das Leben kennengelernt und mich mit dem Innern des Menschen eingehend beschäftigt hatte, erkannte ich, dass die Kenntnis der Menschenseele in Wirklichkeit verloren und vergessen wurde und dass alle unsere Psychologie bisher nicht imstande war, uns diese Kenntnis zurückzubringen. Ich habe in meiner Kindheit stundenlang still und regungslos gesessen und in die Dunkelheit meiner kranken Augen gestarrt, um nachzudenken, wohin die Verlorene und Vergessene gekommen sei. Ich wollte und wollte sie finden.

Da nahm Großmutter mich auf ihren Schoß, küsste mich auf die Stirn und sagte: »Sei still, mein Junge! Gräme dich nicht um sie! Ich habe sie gefunden. Sie ist da!« »Wo?«, fragte ich. »Hier, bei mir«, antwortete sie. »Du bist diese Seele, du!« »Aber ich bin doch nicht verloren«, warf ich ein. »Natürlich bist du verloren. Man hat dich herabgeworfen in das ärmste, schmutzigste Ardistan. Aber man wird dich finden; denn wenn alle, alle dich vergessen haben, Gott hat dich nicht vergessen.« – Ich begriff das damals nicht; ich verstand es erst später, viel, viel später. Eigentlich war in dieser meiner frühen Knabenzeit jedes lebendige Wesen nur Seele, nichts als Seele. Ich sah nichts. Es gab für mich weder Gestalten noch Formen, noch Farben, weder Orte noch Ortsveränderungen. Ich konnte die Personen und Gegenstände wohl fühlen, hören, auch riechen; aber das genügte nicht, sie mir wahr und plastisch darzustellen. Ich konnte sie mir nur denken. Wie ein Mensch, ein Hund, ein Tisch aussieht, das wusste ich nicht; ich konnte mir nur innerlich ein Bild davon machen, und dieses Bild war seelisch. Wenn jemand sprach, hörte ich nicht seinen Körper, sondern seine Seele. Nicht sein Äußeres, sondern sein Inneres trat mir näher. Es gab für mich nur Seelen, nichts als Seelen. Und so ist es geblieben, auch als ich sehen gelernt hatte, von Jugend an bis auf den heutigen Tag. Das ist der Unterschied zwischen mir und anderen. Das ist der Schlüssel zu meinen Büchern. Das ist die Erklärung zu allem, was man an mir lobt, und zu allem, was man an mir tadelt. Nur wer blind gewesen ist und wieder sehend wurde, und nur wer eine so tief gegründete und so mächtige Innenwelt besaß, dass sie selbst dann, als er sehend wurde, für lebenslang seine ganze Außenwelt beherrschte, nur der kann sich in alles hineindenken, was ich plante, was ich tat und was ich schrieb, und nur der besitzt die Fähigkeit, mich zu kritisieren, *sonst keiner*!

Ich war die ganze Zeit des Tages nicht bei den Eltern, sondern bei Großmutter. Sie war mein alles. Sie war mein Vater, meine Mutter, meine Erzieherin, mein Licht, mein Sonnenschein, der meinen Augen fehlte. Alles, was ich in mich aufnahm, leiblich und geistig, das kam von ihr. So wurde ich ihr ganz selbstverständlich ähnlich. Was sie mir erzählte, das erzählte ich ihr wieder und fügte hinzu, was meine kindliche Phantasie teils erriet und teils erschaute. Ich erzählte es den Geschwistern und auch anderen, die zu mir kamen, weil ich nicht zu ihnen konnte. Ich erzählte in Großmutters Tone, mit ihrer Sicherheit, die keinen Zweifel duldete. Das klang altklug und überzeugte. Es verlieh mir den Nimbus eines über sein Alter hinaus sehr klugen Kindes. So kamen auch Erwachsene, um mir zuzuhören, und ich wäre vielleicht zum Orakel oder zum Wunderkind verdorben worden, wenn Großmutter nicht so sehr bescheiden, wahr und klug gewesen wäre, da, wo ich in Gefahr stand, einzuspringen. Einem blinden Kind wird wenig Arbeit gegeben. Es hat mehr Zeit, zu denken und zu grübeln als andere Kinder. Da kann es leicht klüger erscheinen, als es ist. Leider besaß Vater nicht diese kluge Bescheidenheit der Großmutter und auch nicht die schweigsame Bedachtsamkeit der Mutter. Er sprach sehr gern und übertrieb in allem, was er tat und was er sagte. So kam es, dass ich dem Schicksal, dem ich hier entging, später doch noch verfiel, dem entsetzlichen Schicksal, totgelobt zu werden.

Als ich sehen lernte, war mein Seelenleben schon derart entwickelt und in seinen späteren Grundzügen festgelegt, dass selbst die Welt des Lichtes, die sich nun vor meinen Augen öffnete, nicht die Macht besaß, den Schwerpunkt, der in meinem Innern lag, zu sich hinauszuziehen. Ich blieb ein Kind für alle Zeit, ein umso größeres Kind, je größer ich wurde, und zwar ein Kind, in dem die Seele derart die Oberhand besaß und noch heute besitzt, dass keine Rücksicht auf die Außenwelt und auf das materielle Leben mich jemals bestimmen kann, etwas zu unterlassen, was ich für seelisch richtig befunden habe.

Peter Altenberg

Im Volksgarten

»Ich möchte einen blauen Ballon haben! Einen blauen Ballon möchte ich haben!«

»Da hast du einen blauen Ballon, Rosamunde!«

Man erklärte ihr nun, dass darinnen ein Gas sich befände, leichter als die atmosphärische Luft, infolgedessen etc. etc.

»Ich möchte ihn auslassen - - -«, sagte sie einfach.

»Willst du ihn nicht lieber diesem armen Mäderl dort schenken?!?«

»Nein, ich will ihn auslassen - - -!«

Sie lässt den Ballon aus, sieht ihm nach, bis er verschwindet in den blauen Himmel.

»Tut es dir nun nicht leid, dass du ihn nicht dem armen Mäderl geschenkt hast?!?«

»Ja, ich hätte ihn lieber dem armen Mäderl geschenkt!«

»Da hast du einen andern blauen Ballon, schenke ihr diesen!«

»Nein, ich möchte den auch auslassen in den blauen Himmel!« - Sie tut es.

Man schenkt ihr einen dritten blauen Ballon.

Sie geht von selbst hin zu dem armen Mäderl, schenkt ihr diesen, sagt: »Du, lasse ihn aus!«

»Nein«, sagt das arme Mäderl, blickt den Ballon begeistert an.

Im Zimmer flog er an den Plafond, blieb drei Tage lang picken, wurde dunkler, schrumpfte ein, fiel tot herab als ein schwarzes Säckchen.

Da dachte das arme Mäderl: »Ich hätte ihn im Garten auslassen sollen, in den blauen Himmel, ich hätte ihm nachgeschaut, nachgeschaut – – –!«

Währenddessen erhielt das reiche Mäderl noch zehn Ballons, und einmal kaufte ihr der Onkel Karl sogar alle dreißig Ballons auf einmal. Zwanzig ließ sie in den Himmel fliegen und zehn verschenkte sie an arme Kinder. Von da an hatten Ballons für sie überhaupt kein Interesse mehr.

»Die dummen Ballons – – –«, sagte sie.

Und Tante Ida fand infolgedessen, dass sie für ihr Alter ziemlich vorgeschritten sei!

Das arme Mäderl träumte: »Ich hätte ihn auslassen sollen, in den blauen Himmel, ich hätte ihm nachgeschaut und nachgeschaut – – –!«

Lily Braun

Memoiren einer Sozialistin

Eigentliche Freunde und Spielkameraden hatte ich nicht, wohl aber geselligen Verkehr, der mich sonntags fast immer, schön geputzt, aus dem Hause führte. Im Schloss bei Großherzogs war ich ein häufiger Gast: Prinzessin Viktoria und Prinz Ludwig, zwei blühende Kinder damals, waren lustige Gefährten, und beim Baumplündern zu Weihnachten, beim Eiersuchen zu Ostern hallte das Schloss wider von unserm Lachen und Lärmen, an dem das freundliche Elternpaar stets die meiste Freude hatte. Nur das Kochen in Vickis großer Küche, die das Ideal aller andern kleinen Mädchen war, langweilte mich entsetzlich – die Fee, die dem Wickelkind die Hausfrauentugenden in die Wiege legt, war offenbar zu meinem Tauffest nicht geladen worden! Da war's bei Max und Marie doch schöner, den Kindern des Prinzen Wilhelm, deren kaiserlicher Großvater ihnen aus Russland das kostbarste Spielzeug zu schicken pflegte: Eisenbahnen mit richtigen Schienen, Puppen, die laufen und reden konnten – lauter Dinge, die zu jener Zeit für gewöhnliche Sterbliche unerreichbar waren. Am allerbesten aber gefiel es mir in einem Hause, dessen Herrin es verstand, Märchen zu Wirklichkeiten zu machen. Mit ihren beiden reizenden Töchtern, die um ein paar Jahre älter waren als ich, fertigte sie aus buntem Seidenpapier die köstlichsten Gewänder an, mit denen geschmückt wir lebende Bilder stellten, Scharaden aufführten und uns als Helden Grimm'scher Märchen in unsre Rollen so einlebten, dass die Rückkehr in die prosaische Erdenwelt uns hart ankam.

Unsre Feste wurden bald die große Attraktion der Gesellschaft; oft genug sah auch der Großherzog uns zu, und ich erinnere mich noch recht gut, wie ich einmal als kleiner Amor im rosa Hemdchen, mit goldenen Sandalen und blitzenden Flügeln aus einem Strauß lebendiger Blumen meinen Pfeil auf ihn zu richten hatte und auf seinen lachenden Zuruf: »Nun, schieß los!« das strenge Schweigegebot vergessend, antwortete: »Aber das tut weh!« Bald lernte ich besser, bei solchen Gelegenheiten die Fassung zu bewahren, denn lebende Bilder und Kostümfeste waren auch bei den »Großen« an der Tagesordnung, und fast überall wirkte ich mit. In Scheffels Dichtung vom Rockertweibchen, die unter seiner persönlichen Leitung dargestellt wurde, war ich ein kleines Schwarzwaldmädchen, das sich der besonderen Gunst des Dichters erfreute. Er hatte immer eine Tüte für mich in der Tasche, und das erste Glas Sekt, das mir warm und wohlig bis in die Fußspitzen niederrieselte, verdanke ich ihm. Auch ein Rokokodämchen war ich, mit hoch aufgetürmtem, gepudertem Haar, und ein Elfenkind, und das Veilchen auf der Wiese – was Wunder, dass ich immer unlustiger morgens vor meinem alten, pedantischen Lehrer saß, der mich Buchstaben malen, Gesangbuchverse und Bibelsprüche hersagen ließ. Im Strudel rauschender Freude untertauchen oder lesen und träumen für mich ganz allein – was dazwischen lag: das Alltagsleben mit seinen Pflichten und Leiden, war wie eine staubige Straße, die ich am liebsten zu gehen vermied. »Pflichten« besonders waren mir verhasst; ich definierte sie schon als sechsjähriges Kind auf eine Frage hin als das, »was immer unangenehm ist«. Alles, was Mama z.B. tat, wenn sie ein recht unzufriedenes Gesicht dazu machte, erklärte sie für Pflichterfüllung: die schmutzige

Wäsche selber zählen, obwohl drei Dienstboten daneben standen, die Zutaten zum Kochen herausgeben, obwohl wir eine vortreffliche französische Köchin hatten, nachmittags mit mir spazieren fahren, obwohl wir uns beide schrecklich dabei langweilten – ja selbst die Dämmerstunden bei Papa, wo er zu Frau und Kind gern zärtlich war, schienen mir, nach ihrem Ausdruck zu schließen, in dieses Gebiet zu gehören. Ganz gewiss, ich würde nie meine Pflicht erfüllen, schwor ich mir heimlich und suchte meine Theorie nur zu oft in die Praxis umzusetzen, indem ich tat, was mir zu tun gefiel, und Befehlen, deren Ursache und Zweck ich nicht einsah, hartnäckigen Widerstand entgegensetzte. Der meiner freien Bewegung gezogene Umkreis konnte daher für meine Bedürfnisse nicht weit genug sein; darum war der Sommer so schön, wo ich den Garten fast für mich allein hatte, wo ich auf dem Lande bei Verwandten und Freunden der weitgehendsten Ungebundenheit mich erfreute.

Helene Lange

Lebenserinnerungen

Dass Weihnachten unter den Festen der Glanzpunkt war, ist selbstverständlich. Etwa sechs Wochen vorher erschienen in den Bäckereien die ersten Vorzeichen: »Heiligenchristzeug«, ein Gebäck, das noch heute für mich der Inbegriff aller weihnachtlichen Gerüche, Geschmäcke und Gefühle ist; »braune Kuchen« kamen erst in zweiter Reihe. Das allerbeste gab es bei Bäcker Schütte in der Schüttingstraße. Es war mit allerlei altertümlichen Formen ausgestochen; wir hatten besondere Lieblinge darunter: Josua und Kaleb mit der Weintraube und den Elefanten. Ich bin nicht sicher, ob nicht der gerade bei diesen Figuren besonders ansehnliche Flächeninhalt dabei mitsprach; ein niedliches Pärchen, das in einer Laube saß, wurde selten gewählt, es wies zu viel Höhlungen auf.

Ein weiteres Vorzeichen waren die Weihnachtsarbeiten, aber ein weniger erfreuliches. Ich hatte drei Tanten zu besticken und für meinen Vater ein paar Socken zu stricken, wobei mir seine Füße immer endlos lang vorkamen. Aber jeder Versuch, beim Messen zu »recken«, wurde von Fräulein Lambrecht unbarmherzig vereitelt. Obwohl im Allgemeinen eine »präparatorische Natur«, die gern rechtzeitig alles fertig hat, war ich doch immer noch im allerletzten Augenblick mit den unglückseligen Weihnachtsarbeiten beschäftigt. Das half dann freilich die fürchterliche Ungeduld dämpfen, mit der man das Klingeln zur Bescherung erwartete. Sie war bei uns recht bescheiden, aber nie hätten wir das empfunden. Da war ja der Mittelpunkt: das Buch! Daneben trat all das Notwendige und Nützliche, das sonst noch dalag, in den Hintergrund. Wir machten uns auch nie klar, dass wir Kleider und Handschuhe, Taschentücher und Strümpfe auch so im Lauf des Jahres hätten haben müssen; es war doch so ganz anders, wenn es unter dem Tannenbaum lag. Aber das Buch war die Hauptsache. Ich habe nie eines jener albernen Backfischbücher bekommen, die zu meiner Zeit schon anfingen, den jungen Mädchen den Magen zu verderben, auch nie Herzblättchens Zeitvertreib oder Thekla von Gumperts Töchteralbum, auch nicht »Hundert moralische Erzählungen«, aus denen man doch immer nur die Geschichten von den ungezogenen Kindern heraussuchte. Erst waren es Märchen und Sagen in schönen illustrierten Ausgaben, die ich bekam, dann Geschichtliches, dann Körner, Uhland, Hölty und was sonst meinem Verständnis erreichbar schien. Das war denn eine Weihnachtszeit! Hatte man sein eigenes Buch »durch«, was unter Umständen schon am zweiten Weihnachtstag der Fall sein konnte, so kamen die Bücher der Brüder an die Reihe. Die Indianerbücher waren nicht in dem gleichen Grade verpönt wie die Backfischbücher, und man genoss sie aus Herzensgrund. Dazwischen ging man an den Tannenbaum, den wir weniger nach seiner Schönheit als seinem reellen Gehalt schätzten. Am ersten war er an der weniger der Kontrolle ausgesetzten Rückseite leer gegessen: dann rissen allmählich alle Bande frommer Scheu, und wenn es am Silvesterabend zum offiziellen »Plündern« kommen sollte, war das gewöhnlich zu einem rein formalen Begriff geworden.

Die Poesie der Weihnachtsgeschichte bedeutete mir etwas, besonders in späteren Jahren. Aber der Brauch meines Elternhauses, an solche Dinge nicht zu rühren, entsprach ganz meinem Gefühl;

innerliche Dinge machte man auch innerlich ab. Wenn die Schule daran rührte, so ging das noch, daran war man auch schließlich gewöhnt. Aber Feierlichkeit im Elternhause empfand man peinlich, fast als eine Preisgebung. Gefühlsäußerungen gehörten überhaupt bei uns nicht zu den Familiengewohnheiten; ich habe einmal Tränen in den Augen meines Vaters gesehen: an dem Morgen, als meine Mutter beerdigt wurde, und erinnere mich auch nur einmal, dass er mich geküsst hat, als ich von einer längeren Reise zurückkam; es machte mich sehr verlegen.

Es ist keine bloße Ideenassoziation, wenn ich an die Weihnachtszeit noch die Erinnerungen an die glorreiche Schnee- und Eiszeit knüpfe, sondern es gehört ganz logisch in dieses Kapitel, denn eigentlich war diese ganze Zeit ein Fest. Ich weiß nicht, waren damals wirklich die Sommer sonniger und die Winter winterlicher als heute? Jedenfalls erinnere ich mich an einen Winter, wo schwere Frachtwagen über die Hunte fuhren, und eigentlich an keinen, wo wir nicht »glitschen« oder Schlittschuh laufen konnten, oder nicht eine Zeitlang unseren Schulweg durch hohe Schneedämme an den Straßenkanten machten. Die Glückseligkeit, wenn man dann einmal in Dugends Schlitten zur Schule abgeholt wurde! Und die Sorge, wenn man glücklich eine schöne lange Glitsche auf dem Straßendamm bis zum Dunkelwerden gehalten hatte, ob nicht einer dieser boshaften Erwachsenen, die solche Angst um ihre Glieder hatten, sie über Nacht mit Sand bestreut oder gar an einer Stelle aufgehackt hatte!

Aber das Schönste war doch das Schlittschuhlaufen. Ich war noch nicht lange in Kruses Schule, da schnallte mein Vater mir auf der Graft die zu Weihnachten bescherten Schlittschuhe unter – das geschah damals noch nach dem alten System mit Lederriemen, die man so fest anzog, dass das Blut fast stockte –, stellte mich hin und empfahl mich der Obhut meines Bruders, d. h. überließ mich nach dem zwischen uns geltenden Geheimabkommen meinem Schicksal. Ich war damit auch ganz zufrieden, zählte gewissenhaft, wie oft ich fiel, und hatte es denn bis zum Dunkelwerden glücklich auf dreizehn Mal gebracht. Einen mir angebotenen Platz hinter einem Schlitten, wo man sich für die ersten Übungen festhalten konnte, schlug ich stolz aus; mein Vetter Friedrich bezeichnete Jungen, die diese feige Methode befolgten, als »Schmachtlappen«, ein Wort, das er mit unsäglicher Verachtung aussprach, und zu denen wollte man um keinen Preis gehören.

Gerhart Hauptmann

Das Abenteuer meiner Jugend

Die Furcht des Kindes ist Gespensterfurcht. Sein Tag kennt sie nicht, aber nachts, wenn es wach oder halbwach ist, umgeben es überall Dämonen. Da sie, woran das Kind nicht zweifelt, bösartig sind, gibt man dem geängstigten Knaben, dem furchtsamen Mädchen die Vorstellung eines Schutzengels. Man sprach auch mir von meinem Schutzengel, aber er wurde mir nie überzeugend gegenwärtig. Er gab mir nie ein Gefühl der Geborgenheit etwa in dem Grade, wie mir die Geister der Finsternis Furcht machten.

Eine Zeitlang teilte ich mit den Eltern das Schlafzimmer. Wenn ich, was vorkam, schlaflos lag und beim Scheine des Nachtlichtchens Vater und Mutter bewusstlos schnarchend in ihren Betten sah, waren sie mir wie atmende Leichname. Dass sie vom Tode wieder erwachen würden, ja dass ich sie wecken konnte, wusste ich. Aber ebenso war mir bekannt, dass man dies nicht darf, weil jemand, der weiterleben will, allnächtlich diesen Tod erleiden muss. Und so musste ich denn das Gefühl einer grenzenlosen Verlassenheit auskosten.

Wenn das Um und An der Nacht mir peinlich war, so sah ich den Schlaf an sich als eine störende Unterbrechung des Tages an und schüttelte ihn des Morgens mit dem Glücksgefühl des Befreiten wie eine gesprengte Fessel ab. Nun konnte ich wieder in himmlischer Betäubung rastlos in der Sonne umherflattern und mich dem überall Selig-Neuen, den Genüssen des Gesichts, des Gehörs, des Geruchs, des Getasts und des Geschmacks hingeben.

Ich konnte überall umherfahren, suchend und findend, alles um und um wendend, von der frohen Bezauberung meines Staunens erfüllt.

Vom Morgen gelangte ich so im Rausch des Spiels bis zum Abend hinauf, von dem man mich, und das war die gute Seite der Nacht, bewusstlos wie in einem lautlosen Lift zum Morgen herunterließ, wo das Spiel von Neuem beginnen konnte.

An meinem Geburtstage brannten vier Lichter um den Kuchen, in der Mitte das längere Lebenslicht. Die Feier wurde alljährlich mit Geschenken, Kuchen, Lichtern und Blumen gewissenhaft eingehalten. Der Geburtstag fiel glücklicherweise in den Monat November, in die stille, dem Familienleben gehörende Winterzeit. Im turbulenten Gästebetrieb des Sommers würde man seiner kaum oder nur nebenher gedacht haben. So war es ein Tag der Freude, aber auch der Einkehr für mich, da die Mutter mit ernsten Reden des menschlichen Wachsens und Werdens und des menschlichen Schicksals im Ganzen gedachte.

Über Spiel und Spielzeug ist viel gesagt und geschrieben worden. Wer den Spieltrieb kennt, weiß, welcher Zauber ihm innewohnt. Echtes Spielzeug kann sogar im Erwachsenen, besonders in Gegenwart von Kindern, das Kind erwecken. Aus dem Spieltrieb erwächst die Kunst. Der Knabe vom vierten, wenn er das Schaukelpferd hinter sich gelassen hat, bis zum achten, neunten Jahr ist ein Universalkünstler. Er hat mit Bauklötzen Dome aufgeführt, er hat sich geübt mit seinem Tuschkasten, er hat allerlei Tiergebilde aus Wachs modelliert, er hat sich zeichnerisch an den Menschen gewagt. Vor allem aber ist er ein Schauspieler ohne Eitelkeit, einer, der keinen Zuschauer braucht, wenn er sich als kommandierender General, als mutiges Pferd oder gar als Lokomotive gebärdet.

Es ist Neigung, niemals Gebot, niemals Pflicht, was zum Spiele treibt. Das Kind ist sein eigener Lehrer und Schüler. Ein Verhältnis von solcher Harmonie und Fruchtbarkeit wird ihm später schwerlich wieder zuteilwerden. Es fühlt kein Ziel, es fühlt keinen Zweck. Alles ist, sei es versonnen oder wild, immerwährende Heiterkeit.

Wohl scheint die Natur dabei einen Zweck zu verfolgen: aber selbst die Erwachsenen sehen ihr Walten im Kinde meistens nicht. Deshalb halten sie sich für verpflichtet, schon früh und bei gegebener Gelegenheit, wie meine Mutter an meinen Geburtstagen tat, auf den kommenden Ernst des Lebens in Gestalt des Schulbesuchs hinzuweisen. Ich wollte lange nichts wissen davon, endlich aber wurde ich nachdenklich und sah die Unschuld meines Dahinlebens durch den Gedanken der Mutter gestört, dass dieses so glückliche Leben ein nutzloses wäre und abgelöst werden müsse von einem nützlichen. Seine Berechtigung habe es gleichsam nur als Gnadenfrist. Überschreite es diese Frist, so sei der Mensch, der es weiterführe, ein Taugenichts.

Nun, ein Fohlen, das einen Wasserguss erhält, schüttelt sich und galoppiert dann doppelt schnell und vergnügt in die Koppel. Wenn ich, etwa als Vierjähriger, mit aufgestützten Ellbogen in einem der Frontfenster meines Elternhauses lag, wurde mein Blick bei klarem Wetter durch einen schöngeformten Berg, den Hochwald, angezogen. Er war dann nicht nur die Grenze meiner Welt, sondern der ganzen Welt. Und ich setzte mit stiller, zweifelsfreier Gewissheit voraus, man könne, auf seine Spitze gelangt, in den

Himmel steigen. Oft und oft, wenn wieder und wieder die träumerische Stimmung im Angesicht des heiligen Berges über mich kam, habe ich diesen Fall erwogen und alle möglichen Arten, in denen der Plan auszuführen sei. Den Herrgott selber hatte ich auf einem dunklen Treppenabsatz unseres Hauses inzwischen kennengelernt, wo ein Ehrfurcht gebietendes goldgerahmtes Bild des weißgelockten, bärtigen Greises die Wand zierte. Ich hatte ihn zum Erstaunen der Meinen sogleich erkannt.

Rainer Maria Rilke

Kindheit

Es wäre gut viel nachzudenken, um
von so Verlornem etwas auszusagen,
von jenen langen Kindheit-Nachmittagen,
die so nie wiederkamen – und warum?

Noch mahnt es uns –: vielleicht in einem Regnen,
aber wir wissen nicht mehr was das soll;
nie wieder war das Leben von Begegnen,
von Wiedersehn und Weitergehn so voll

wie damals, da uns nichts geschah als nur
was einem Ding geschieht und einem Tiere:
da lebten wir, wie Menschliches, das Ihre
und wurden bis zum Rande voll Figur.

Und wurden so vereinsamt wie ein Hirt
und so mit großen Fernen überladen
und wie von weit berufen und berührt
und langsam wie ein langer neuer Faden
in jene Bilder-Folgen eingeführt,
in welchen nun zu dauern uns verwirrt.

Charlotte von Ahlefeld

Andenken der Kindheit

Auf der Kindheit längst vergangnen Tagen
Weilet oft mein still umwölkter Sinn,
Und aus meinem Herzen brechen Klagen,
Dass ich nun nicht mehr so glücklich bin!

Angestrahlt vom Morgenrot des Lebens,
Lachte mir der Frühling überall!
Keine Blume blühte mir vergebens –
Melodie war mir der Wasserfall.

Unbekannt mit schmerzlichen Gefühlen,
Rauschte harmlos, wonnevoll und frei
An der Seite lustiger Gespielen
Mir vorüber meiner Kindheit Mai.

Aber dauernd prägten sich die Bilder
Seiner reinen Freuden mir ins Herz,
Und des Lebens Dunkel wird mir milder,
Denk' ich ihrer mit der Sehnsucht Schmerz.

Darum kehr' ich gern in deine Fluren
Stilles Dörfchen, aus dem Lärm der Welt,
Denn in dir begegnen mir die Spuren
Jener Zeit, die noch kein Gram entstellt.

Lächelnd grüßt mich jedes Plätzchen wieder,
Wo ich mich im heitern Spiel verlor,
Und noch tönt, süß wie Sirenenlieder,
Klarer Bach, dein Flüstern meinem Ohr.

Goldne Zeiten, wo ich, gleich der Biene,
Honig in dem kleinsten Blümchen fand!
Wo die kindlich ungetrübte Miene
Noch der Flor der Wehmut nicht umwand.

Goldne Zeiten – euerm Angedenken
Werd' ich oft in stiller Einsamkeit
Augenblicke der Erinn'rung schenken,
Tränen – euerm frühen Glück geweiht.

Möchte einst der Abend meiner Tage
Mild und freundlich wie der Morgen sein,
O dann trüg ich mit verstummter Klage
Jetzt des Mittags schwülen Sonnenschein.

Gustav Falke

Die Stadt mit den goldenen Türmen

Lübeck war in meinen Kinderjahren eine stille Stadt, und die Straßen mit den alten, meist schmalfrontigen Giebelhäusern boten uns Raum genug für unsere Spiele.

Aber lieber noch als die Straße suchten wir unseren Hausboden auf. Unter dem schrägen Dach mit seinen roten Ziegeln, welch eine glückliche Kinderwelt baute sich hier auf! Durch die zwei oder drei kleinen, runden Fenster fiel das Tageslicht mit einem märchenhaften Glanz; von einem silbernen Staubmantel umgeben, stellte es goldene Teller auf den Fußboden, von denen die unsichtbaren Schutzgeister dieses wundersamen Reiches speisten. Waren wir im Spieleifer, so achteten wir des güldenen Gedeckes natürlich nicht, sondern sprangen mutwillig über so edles Geschirr hin und her, als wäre es nichts als ein paar Sonnenflecken; waren wir doch Buben, und stand doch unser Schlachtross hier, ein lebensgroßes, ausgestopftes, fuchsfarbenes Füllen. Auf diesem Schaukelpferd galoppierten wir um die halbe Welt oder sprengten mit viel Geschrei in den Kampf. Ziemlich arg durften wir es schon treiben, bevor man unten im Hause etwas davon spürte. Manchmal aber erschien doch das Haupt eines Abgesandten in der Lukenöffnung, der je nach Temperament und Auftrag schalt oder bat; dann wurde die Lust ein wenig gedämpft.

Auf der geräumigen Hausdiele durften wir wegen der Nähe des Ladens nicht lärmen. Wir trieben wohl manchmal auf den bunten Fliesen unseren Kreisel oder spielten Marmel oder »Picker«, wie wir es nannten; doch das Gefühl, nur geduldet zu sein, ließ uns hier nicht recht heimisch werden. Von dieser Diele führte eine verdeckte Treppe in den ersten Stock hinauf; zeisiggelb gestrichen, machte ihre sonst schmucklose, glatte Verschalung, in der sich ein viereckiges Ausguckfenster befand, einen lustigen Eindruck.

Hier saßen wir nach Feierabend oft im Halbdunkel auf der obersten Stufe und ließen uns von Franz Geschichten erzählen. Das verstand er vortrefflich. Seine Vorliebe galt den alten Sagen und Geschichten unserer Vaterstadt, die er alle auswendig wusste. So hörten wir denn früh aus seinem Munde von »Papedöhne«, einem anderen Ritter Blaubart, und seiner Mordhöhle, von »Habundus und der weißen Sterberose«, von »Herrn Nikolaus Bardewiek, dem Trunkfesten« und derlei mehr.

Die Mutter störte eine solche Sagenwelt nicht, sondern mahnte wohl nur einmal: »Quält den Franz nicht zu arg.« Wir aber waren uns nicht bewusst, ihn zu quälen, saßen vielmehr regungslos und sahen mit klopfendem Herzen den bösen »Papedöhne« die Frauen in sein Versteck schleppen und waren voller Grauen und Empörung. …

Ich war ein Kind, das sich früh mit den Büchern beschäftigte; ich kroch damit unter das alte Tafelklavier und konnte da lange mäuschenstill sitzen, das aufgeschlagene Buch mit den bunten Bildern auf dem Schoß. Früh regte sich die Phantasie des Kindes, das sich gerne Ecken und Winkel, auch die kleinsten, bevölkerte und zu einer eigenen Welt umgestaltete. Die Falten auf der Bettdecke wurden mir zu Berg und Tal, die ich mit Gämsen und Jägern belebte, oder ich tiefte mir in dem weichen Federbett eine große Seemulde aus und segelte mit meinem Schiff von einem Strand zum anderen, wobei ich mit den Knien auf höchst einfache Weise eine stürmische Wellenbewegung hervorrief. Um die Blumentöpfe auf dem Fensterbrett wie in den dunklen Höhlen meiner kleinen Hausschuhe führte ich meine erdichtete Welt spazieren, und die wonnigen Schauer des Geheimnisvollen und des Rätselhaften, die noch heute jede Wegbiegung mir macht, suchte ich mir schon damals zu verschaffen, indem ich das Auge um irgendeinen beliebigen Gegenstand, einem Kästchen, einem Lampenfuß oder was es war, sich herumtasten ließ, bis es an eine Ecke, eine Biegung kam, hinter der nun ein Reich mit tausend Wundern begann.

Meine Vorliebe für den Schlupfwinkel unter dem Klavier wurde scherzhaft als erste Ankündigung einer musikalischen Begabung gedeutet, die sich denn auch in der Folge bei mir und ebenso bei meinen Geschwistern zeigte; vorläufig aber äußerte sie sich nur in dem atemlosen Lauschen, womit wir dem Klavierspiel und dem Gesang unserer Mutter folgten. Diese war durchaus eine musikalische Seele und hatte es zu einer hübschen Fertigkeit gebracht, die sie unter anderem Chopin'sche Walzer mit ebenso viel Anmut als Feuer vortragen ließ. Doch neigte ihre Natur mehr zu der schlichten Innigkeit des Volksliedes, und mit nichts machte sie uns mehr Freude, als wenn sie uns durch ihren schönen weichen Sopran allerlei Kinderlieder vorsang, die wir bald nachsingen lernten. Da saßen wir denn um sie herum mit heller Kehle, die Hälse wie zwitschernde Vögel aufreißend, und hielten tapfer Takt und Melodie. »Hänschen sitt in Schosteen und flicket sine Schoh«, »Ein Schäfermädchen weidete« oder »Wer will unter die Soldaten«, das waren so unsere Lieblinge. Ab und zu sang die Mutter uns auch wohl ein Mendelssohn'sches oder Schubert'sches Lied. Sie wurde oft in Gesellschaft aufgefordert, etwas zu singen, und die Lieblichkeit ihrer Stimme und die Innigkeit und Schönheit ihres Vortrages entzückten immer.

Erschrecklich wirkte dagegen auf uns das Konzert eines Klaviervirtuosen, der, ich weiß nicht woher, in unser Haus geschneit war. Mit gewaltigem Getöse hielt er Einzug in unsere Kinderseelen.

Eine kohlschwarze Mähne hing ihm wild um Kopf und Schulter und umrahmte ein blasses, zigeunerhaftes Gesicht, aus dem zwei schwarze, stechende Augen uns anfunkelten. Er spielte das Erwachen des Löwen von Kontski, jenes jahrelang beliebte triviale Salon- und Virtuosenstück, schüttelte seine Mähne und brüllte und donnerte, dass ich noch heute nicht begreife, wie unser altes Klavier das aushielt. Die Wirkung auf uns verdutzte Kinder war denn auch, dass wir immer verängstigter wurden und zuletzt weinend aus dem Zimmer liefen. Das hielt jedoch den brüllenden Löwen nicht ab, sich noch weiter mit majestätischem Lärm zu produzieren.

An solchen Gesellschaftsabenden durften wir Kinder immer auf ein Viertelstündchen ins Zimmer kommen, jedem die Hand geben und uns hätscheln lassen. Ich wurde besonders von einer zarten, blassen Dame, einer Freundin der Mutter, gerne gesehen, die wir Tante Pollinka nannten. Sie hatte am Markt eine Konditorei inne und hatte es sich, da sie kinderlos war, in den Kopf gesetzt, ich sollte einmal ihr Nachfolger werden. So gerne ich nun Süßigkeiten aß, so war mir doch die Vorstellung, mich in der weißen Konditortracht, mit der großen Schürze, mein Leben lang bewegen zu sollen, eine lächerliche, für einen Jungen beschämende, und ich erinnere nicht, jemals Neigung dazu auch nur vorübergehend gespürt zu haben. Dennoch erhielt sich der Wunsch der guten Tante Pollinka hartnäckig, bis sie endlich wohl einsah, dass an mir ein Zuckerbäcker verloren war. Aber noch in späteren Jahren bin ich nie an dem schmalen Eckhause vorübergegangen ohne das Gefühl: ›Das hätte eigentlich alles dir gehören sollen, und du könntest nun dahinten in dem kleinen Raum stehen und Mandeln schälen, Zimmet stoßen, Teig rühren und mit buntfarbigem Fruchtgelee die Torten zierlich dekorieren.‹

Ernst Toller

Eine Jugend in Deutschland

Ich sammle Kaiserbilder. Im Geschäft meiner Eltern gibt es viele verlockende Dinge, Bindfaden und Bonbons, Limonaden und Rosinen, große und kleine Nägel, aber am schönsten sind die Kaiserbilder. Wenn auch am schwersten zu stehlen. In jeder Tafel Schokolade liegt eins. Der Schokoladenschrank ist verschlossen, der Schlüssel hängt an einem Bund, den Mutter an ihrer blaugewürfelten Umhängeschürze trägt. Früh, wenn ich aufwache, arbeitet Mutter. Sie arbeitet im Laden, sie arbeitet im Getreidespeicher, sie arbeitet in der Wirtschaft, sie schickt den Armen Essen und lädt die Bettler zum Mittag, und wenn der Knecht aufs Feld geht, den Acker zu pflügen und das Korn zu säen, misst sie ihm das Korn zu. Abends liest sie bis tief in die Nacht, oft schläft sie ein über einem Buch, und wenn ich sie wecke, bittet sie:

»Lass mich lesen, Kind, es ist meine einzige Freude.«

»Warum arbeitest du immer, Mutter?«

»Weil du essen willst, Kind.«

Wenn Mutter nicht achtgibt, stehle ich erst die Schlüssel, dann aus den Schokoladentafeln die Bilder, Schokolade nur nebenbei. Schön sind die Bilder der alten Germanen, sie tragen Felle und Keulen, auf die sie sich stützen, ihre Weiber kauern auf der Erde und müssen die Schilde scheuern. Stanislaus meint, sie gebrauchten dazu ihre blonden Haare, die aussehen wie um den Kopf gelegte Bettvorhänge aus Stroh. In den meisten Tafeln liegen Bilder von unserem Kaiser, er hat sich einen Mantel von rotem Samt auf seine Schultern gelegt, in der einen Hand hält er eine Kugel, in der anderen einen goldenen Feuerhaken.

Wenn ich morgens in meinem Bett liege und die vielen Kaiserbilder ansehe, frage ich mich: Geht ein Kaiser auch aufs Klo? Die Frage beschäftigt mich sehr, und ich laufe zur Mutter. »Du wirst noch ins Gefängnis kommen«, sagt Mutter. Also geht er nicht aufs Klo.

Vom Marktplatz zu den Kirchhöfen führt die Totenstraße. Die Menschen, die dort wohnen, finden nichts dabei, dass ihre Straße »Totenstraße« heißt, sie stehen vor den Türen und schwatzen, sie schimpfen auf den Bürgermeister, weil das Trottoir, auf das alle Leute in der Stadt stolz sind, mitten in der Straße aufhört. »Wie abrasiert«, sagt Kaufmann Fischer. Ich möchte nicht in der Totenstraße wohnen. Ich habe noch nie einen Toten gesehen, nur Schädel und Knochen, die haben Arbeiter gefunden, als sie neben der Mühle einen Brunnen gruben. Stanislaus und ich spielen Ball mit Schädeln, die Knochen dienen als Abschlaghölzer, Stanislaus gibt den Schädeln Fußtritte.

»Warum tust du das?«

»Großmutter hat gesagt, es sind böse Menschen gewesen, gute bleiben nicht im Grab, Engel holen sie und fliegen mit ihnen in den Himmel zum lieben Gott.«

»Was tun sie da?«

»Pellkartoffeln fressen sie nicht.«

Ich esse Pellkartoffeln sehr gerne, zu Hause nicht, ich esse sie lieber bei Stanislaus. Seine Großmutter, seine Mutter, sein Vater, drei Schwestern und vier Brüder wohnen in der Dorfstraße, in einem kleinen Haus aus Lehm, oben deckt es ein Strohdach, alle schlafen in einer Stube, und gekocht wird darin auch. In der Dorfstraße fehlt das Trottoir, aber niemand schimpft auf den Bürgermeister. Immer, wenn ich um die Mittagszeit Stanislaus besuche, essen sie Pellkartoffeln und Grützsuppe oder Pellkartoffeln und Hering, ich stehe in einer Ecke, und das Wasser läuft mir im Mund zusammen.

»Lang zu«, sagt endlich Stanislaus' Mutter, »essen elf sich satt, wird es auch für zwölf reichen.«

Stanislaus pufft mich in die Seite:

»Braten und Gebackenes kannst du dir malen.«

»Wir essen auch nicht jeden Tag Braten und Gebackenes.«

»Ihr könntet so fressen, wenn ihr wolltet.«

Ich nehme meine Mütze und renne nach Haus.

»Was musst du dort zu Mittag bleiben«, schilt mich Mutter, »du isst den armen Leuten ihr bisschen Brot weg.«

»Warum haben sie so wenig?«

»Weil der liebe Gott es so will.«

Die Totenstraße ist sehr lang, ich denke mir, wegen der Toten, sie wollen noch ein bisschen spazierenfahren, ehe sie ins Grab gelegt werden und es sich entscheidet, ob sie darin bleiben oder in den Himmel fliegen.

Neulich ist Onkel M. gestorben. Ob er ein guter Mensch war? Ich stehe an der Friedhofsmauer. Von einer Weide breche ich mir eine Gerte und spitze sie an, ich klettere über die Mauer, laufe zum Grab und bohre, der Friedhofswärter überrascht mich, ich mache mich aus dem Staub.

Auf dem Nachhauseweg denke ich: ›Was ist ein guter Mensch?‹

Rudolf Borchardts Leben von ihm selbst erzählt

Ich habe keine Heimatstadt gehabt und gekannt und erst spät erfahren dass ich ein Heimatland habe; dass ich ein Vaterland habe, erst an mir selber in reifen, bitteren Stunden. So habe ich auch kein Elternhaus und keine Familie gehabt und es wäre ein müßiges Zugeständnis an das Schema der Autobiografie wenn ich von Land, Provinz, Stamm und Stadt, Vätern und Eltern ausginge. Meine Erinnerung enthält für meine ersten Jugendjahre keinerlei Bilder. Was mir erzählt worden ist, hat auf meine Entwickelung schlechterdings keinen Einfluss geübt. Königsberg von woher der Geburtsschein mich schreibt, habe ich nie gesehen und gekannt, außer als schlummernder Säugling. Meine Eltern waren daher gebürtig, aber längst in Moskau ansässig wo der Vater ein Königsberger Handelshaus vieler Sozien, meist Verwandter vertrat. Auf einer Reise der mich erwartenden Mutter in die Heimat bin ich geboren, dann schleunigst in die Fremde verbracht und nach wenig Jahren mit der ganzen Russland verlassenden Familie nach Berlin geführt worden. Nichts als schwimmende Schatten davon sind je in mir geblieben: dass wir russisch und französisch sprachen und wenig deutsch, dass ich durch Deutschlernen Russisch ganz und Französisch halb verlor. Dass fast nur wechselnde und bezahlte Menschen uns umgaben und sich mit uns befassten, ein wehmütiges Ammengesicht, eine Straße, ein fremder Kopf. Die Erwachsenen lebten ihr eigenes für uns und mich unzugängliches Leben, aus dem heraus ihr gelegentliches Greifen nach uns wie ein Ausflug wirkte. In Berlin beherbergte uns bald ein unabsehbares Stockwerk eines der düsteren und öde pomphaften Häuser wie sie die Bautätigkeit nach dem Kriege zwischen die Charlottenburger Chaussee und die Spree in den neuen Nordwesten der Prunkanlagen um die Siegessäule vorgeschoben hatte. Es war ein finsteres hässlichgraues Riesengebäude dessen mächtige Türen ich als Kind mit beiden angestemmten Armen auf- und zuzustoßen bei jedem Spaziergange mich ärgerlich bemühte. Beim ersten Betreten des Saales stürzte ich hin: ich hatte zum ersten Male im Leben Parkett betreten. Es ist mir in Erinnerung geblieben und hat sich mir immer mit dem Hause verknüpft, nicht eben als ein freundliches Omen.

Die Räume brachen im rechten Winkel, der kleinere nach vorn gelegene Schenkel entstand aus dem gewaltigen Speisezimmer in einer Reihe von Gesellschaftsräumen in die wir nur wenn wir angefordert wurden den Fuß setzten. Der lange Hinterschenkel, ein finsterer Korridorschlauch, auch bei Tage künstlich erhellt, führte Tür nach Tür nach Tür in die vielen Schlaf- und Schulzimmer aus deren Hoffenstern wir auf den widerlichen kleingepflasterten Hofplatz mit seinen armseligen Staffage-Figuren, Pförtnersleuten und ihren Kindern, Mansardenmietern und ihren Besuchern, Boten und Dienern hinunterstarrten. Selten lag über dem viereckigen Gefängnis der Hausmauern das Firmament bläulich. Bleiern ohne auch nur Wolkenfarbe sehe ich die Kappe der Luft es überwölben. Von den vorderen Fenstern war der immer lebhafte Fluss wenn ich einmal dazu kam, mit Drehkränen, Prahmen und aus- und einladenden Flusskähnen meine Augenweide, dahinter stiegen über den öden Häusern Formen auf, ein rosiger spitzer Kirchturm von dem man mir sagte er hieße Wedding, eine Säule um die oben etwas lief wie ein Umgang und über der etwas Gestaltetes ragte: das sei die Invalidensäule. Sonst war auf der andern Seite alles in einem formlosen Provisorium als stiege die Stadt erst auf und wäre in ein ewiges »Einstweilen« gestellt. Rechter Hand wurde abgebrochen und aus dem Schutt heraus zu einem hässlichen kröpfigen Tempelbau aufgerüstet, der jahrelang nicht fertig wurde bis das Lessingtheater dastand, daneben blieb durch Jahrzehnte ein ekelhafter Bauplatz, winters meist Eisbahn, sonst mit Latten umschlagen – linker Hand brannte es einmal fürchterlich, sodass die Nacht vor unsern mit Grauen aufgerissnen Augen weit und breit in schmutziger Lohe stand. Wo damals die Hygiene-Ausstellung abbrannte, wuchsen bald wieder Schwindelgerüste zu neuen Bauten ohne Zweck und Sinn, aus Glas und Trägern, Papp und Verputz. Aber vornheraus war wie mich deuchte der Himmel immer blau, so selten sah ich ihn.

Ich konnte sehr früh lesen und hatte früh zerlesene und verschlungene Bücher. Eine meiner ersten Erinnerungen ist mein Zorn darüber mein Buch fortlegen zu müssen, um mich mit den Geschwistern vorne vor Gästen zu zeigen; das waren die Sagen des klassischen Altertums vom alten braven Schwab, meine ganze Welt, meine unerschöpfliche Seligkeit, zugleich die einzige Welt die ich völlig für mich alleine besaß und deren Namen und Begriffe im Munde meiner Umgebung nicht klangen. So sprach ich denn alle Namen falsch aus und habe erst spät erfahren, dass es nicht Heléna heißt und nicht Antilóchus. Das zweite meiner Bücher gehörte nicht mir. In einem düsteren mit Prunk und Lampenschein angefüllten Hause in der Taubenstraße, wo heut nur Handelshäuser stehn, damals aber noch schicklich und anspruchsvoll gewohnt werden konnte, lebten Verwandte, alte Leute, die allwöchentlich die gesamte Familie bewirteten. Dort in einem kleinen

Vorzimmer in das ich mich mit Kinderscheu vor den vielen lärmenden, lachenden, geröteten Gesichtern verbarg, stand auf einem kleinen drehbaren Ständer mit gedrechselten Geländerchen das Buch: Balladen und Romanzen, dessen Sammler ich bis heut nicht kenne, aber aus dem alles in meine Seele trat was mir für lange dämmernde Kinderjahre als zweite Zauberwelt angehörte, Klang, Wunder und Sage, Ritter und Frauen, Könige und Helden, einherschreitend in hinreißenden Wort- und Satztänzen. Bald stand bei mir das dritte meiner Bücher, der alte Echtermeyer, ein dicker schiefergrauer Band aller erdenklichen deutschen Poesie, ein Urwald für mich Kind, ein Zauberwald, eine Welt. Ich war weder leicht zum Spazierengehen noch zu den Mahlzeiten zu bringen, die wir Kinder unter Aufsicht allein miteinander teilten. Eine heftige Abneigung gegen das Ausgeführtwerden und gesittigt angefasste, gespreizte Spazieren auf den immer gleichen Wegen jenes seelenlosesten aller öffentlichen Gärten, der der Tiergarten heißt, ist mir von ganz früh her bewusst. Aber in einem der aus den alten Anlagen übriggebliebenen Bosketts stand damals, ich weiß nicht ob noch heute – ein großer grauer Sandsteinmann, nackt mit feierlich gewundenem Einhertreten, im Arme eine unbesaitete Leier. Wer mir an diese Figur den Namen geheftet hat, der ihr gewiss nicht gehörte, weiß ich nicht, aber wenn bei den ersten Schritten aus dem Hause deliberiert wurde wohin man gehen wolle, bat ich gewiss »zum Orpheus«, obwohl an der öden Stätte niemanden sonst etwas und mich nur der unerklärliche Reiz des altersgrauen riesigen Leierspielers verlockte. Mir die Spaziergänge zu verleiden trugen die ersten Regungen einer kindischen Eitelkeit, wenn ich nicht sagen darf des Leidens am Unschönen bei. Die Schwestern waren als Mädchen zierlich und frisch gekleidet und gehalten, auf mich meinte ich würde nichts verwandt, und ich hasste meine verwaschenen und lieblos eben gerade aufs Passende und Unzerlöcherte hergerichteten Anzüge. Vor Trotz und zorniger Kränkung weinend, die Fäuste in die Augen gepresst, sehe ich mich aus dem dunklen Hausgange widerstrebend von einer lachenden und strafenden Erzieherin ins Freie gezerrt und grollend phantastische Rachepläne brütend neben den anderen das Pflaster stampfend, dann war man bald auf den üblichen Wegen, auf den »Laubgängen« oder bei den Zelten, wo die Erzieherinnen auf den Bänken miteinander tuschelten und schwatzten und mit künstlich klingender Stimme einander fremde Kinder ermunterten, miteinander Bekanntschaft zu machen und zu spielen.

Meine Unterhaltung bestand darin, in einer sonderbaren von mir erfundenen Weise immer abwechselnd mit einem langen und zwei kurzen Schritten und besonders aufgerichteter Kopfhaltung, manchmal noch mit einem durch die Beine gesteckten Prügel unterstützt, die Promenade entlang zu fegen – was ich galoppieren nannte und womit ich die Vorstellung einer ausnehmend herrlichen und ritterlichen Bewegung verband. Dass diese Bewegung einsam war und nicht ein geselliges Spiel gab ihr für mich einen erhöhten Reiz. Wenigstens als einmal ein schiefer kleiner Knabe von äußerst gewandter Gesprächigkeit dabei versuchte, diese Galoppaden mit mir zu teilen, sagte ich ihm er sei lächerlich und befliss mich sofort meines gewöhnlichen Schrittes.

Ringsherum lag die unfreundliche raue Riesenstadt ohne Gestalt und Figur, um diese her das gähnende armselige Land in das dann und wann eine Gelegenheit, einmal im Sommer ein monatlanger dumpfer Aufenthalt führte. Mein Vater war ein vielbeschäftigter Kaufmann, der abends heimkehrte wenn in der Kinderstube zu Nacht gegessen wurde, und sich oft dann erst für Gesellschaft umzog, der Monate des Jahres im Auslande verbrachte, während deren die auf fünf auf sechs Köpfe angewachsene Kinderschar mit einigem Trosse hier und dahin verbracht wurde. – Darunter bleibt mir die See und die erste Reise dahin unvergesslich. Ich durfte während der stundenlangen Bahnfahrt einmal in das Coupé hinübersitzen, in dem der Vater – der uns diesmal geleitete um dann nach Russland weiterzureisen – gerade mit jemandem gesprochen hatte und nun reisemüde vor sich nickte. Da ich wohl eine Stunde ihm gegenüber hockte indem er schlief konnte ich ihn zum ersten Male in meinem Leben solange ich wollte betrachten, denn sonst verbot es mir die Scheu und sogar die Furcht vor dem groß aufgebauten, dröhnend schreitenden, dröhnend sprechenden, tiefernsten, ja bitterstrengen Manne. Wie er nun vor mir saß, überwog das Mildere in dem schönen kräftig in Farben abgeteilten, vollbärtigen Männergesichte in dem über den schlafenden Augenlidern ein sonderbarer Müdigkeitsglanz lag den ich nicht wieder vergessen habe. Das links gescheitelte Haupthaar war seit einem schweren Jahre, in dem die Ruchlosigkeit eines gaunerhaften Verwandten sein Geschäft an den Abgrund geführt hatte, von einem makellosen Silberweiß, der blonde viereckige Bart hatte graue Grannen, um Nase, Augen und Nüstern begannen sich in dem noch nicht vierzigjährigen Gesichte strenge Furchen zu schreiben, unter dem starken Halse atmete die athletische Brust des alten Turners und Schwimmers in regelmäßigen Zügen. Ich sah mit Scheu vor meiner eigenen Dreistigkeit abwechselnd auf ihn und auf die draußen vorüberfliegenden Stationen.

Walter Benjamin

Verstecke

Ich kannte in der Wohnung schon alle Verstecke und kam in sie wie in ein Haus zurück, in dem man sicher ist, alles beim Alten zu finden. Mir schlug das Herz, ich hielt den Atem an. Hier war ich in die Stoffwelt eingeschlossen. Sie ward mir ungeheuer deutlich, kam mir sprachlos nah. So wird erst einer, den man aufhängt, inne, was Strick und Holz sind. Das Kind, das hinter der Portiere steht, wird selbst zu etwas Wehendem und Weißem, zum Gespenst. Der Esstisch, unter den es sich gekauert hat, lässt es zum hölzernen Idol des Tempels werden, wo die geschnitzten Beine die vier Säulen sind. Und hinter einer Türe ist es selber Tür, ist mit ihr angetan als schwerer Maske und wird als Zauberpriester alle behexen, die ahnungslos eintreten. Um keinen Preis darf es gefunden werden. Wenn es Gesichter schneidet, sagt man ihm, braucht nur die Uhr zu schlagen und es muss so bleiben. Was Wahres daran ist, erfuhr ich im Versteck. Wer mich entdeckte, konnte mich als Götzen unterm Tisch erstarren machen, für immer als Gespenst in die Gardine mich verweben, auf Lebenszeit mich in die schwere Tür bannen. Ich ließ darum mit einem lauten Schrei den Dämon, der mich so verwandelte, ausfahren, wenn der Suchende mich griff – ja, wartete den Augenblick nicht ab und kam mit einem Schrei der Selbstbefreiung ihm zuvor. Darum wurde ich den Kampf mit dem Dämon nicht müde. Die Wohnung war dabei das Arsenal der Masken. Doch einmal jährlich lagen an geheimnisvollen Stellen, in ihren leeren Augenhöhlen, ihrem starren Mund, Geschenke, die magische Erfahrung wurde Wissenschaft. Die düstere Wohnung entzauberte ich als ihr Ingenieur und suchte Ostereier.

Krumme Strasse

Das Märchen redet manchmal von Passagen und Galerien, die beiderseits mit Buden voller Lockung und Gefahr bestellt sind. Als Knabe war mir so ein Gang geläufig; er hieß die Krumme Straße. Wo sie den schärfsten Knick hat, lag ihr finsterstes Gelass: das Schwimmbad mit seinen rotglasierten Ziegelmauern. Mehrmals die Woche wurde das Wasser im Bassin erneuert. Dann hieß es am Portal »Vorübergehend geschlossen« und ich genoss eine Galgenfrist. Ich tat mich vor den Ladenfenstern um und nährte mein Geblüt aus einer Fülle von abgelebten Dingen in ihrer Hut. Dem Schwimmbad gegenüber lag eine Pfandleihe. Den Bürgersteig bedrängten Trödler mit ihrem Hausrat. Es war der Strich, auf dem auch die Monatsgarderoben zu Hause waren.

Wo die Krumme Straße im Westen auslief, gab es einen Laden für Schreibbedarf. Uneingeweihte Blicke in sein Fenster fingen sich an den billigen Nick-Carter-Heften. Ich wusste aber, wo ich im Hintergrunde die anstößigen Schriften zu suchen hatte. An dieser Stelle war kein Verkehr. Ich konnte lange durch die Scheibe starren, um erst bei Kontobüchern, Zirkeln und Oblaten mir ein Alibi zu schaffen, dann aber unvermittelt in den Schoß dieser papierenen Schöpfung vorzustoßen. Der Trieb errät, was sich am zähesten in uns erweisen wird; mit dem verschmilzt er. Rosetten und Lampions im Ladenfenster feierten das verfängliche Ereignis.

Nicht weit vom Schwimmbad lag der städtische Lesesaal. Mit seinen eisernen Emporen war er mir nicht zu hoch und nicht zu frostig. Ich witterte mein eigentliches Revier. Denn sein Geruch ging ihm voraus. Er wartete wie unter einer dünnen, bergenden Schicht unter dem feuchten, kalten, der mich im Stiegenhaus empfing. Ich stieß die Eisentür nur schüchtern auf. Doch kaum im Saal, begann die Stille meiner Kräfte sich anzunehmen.

Im Schwimmbad widerte mich der Stimmenlärm, der sich in das Brausen der Leitungen mischte, am meisten an. Er drang schon aus der Vorhalle, wo ein jedes die beinernen Bademarken erstehen musste. Den Fuß über die Schwelle setzen bedeutete, von der Oberwelt Abschied nehmen. Danach bewahrte einen nichts mehr vor der überwölbten Wassermasse im Innern. Sie war der Sitz einer scheelen Göttin, die darauf aus war, uns an die Brust zu legen und aus den kalten Kammern uns zu tränken, bis dort oben nichts mehr an uns erinnern werde.

Im Winter brannte schon das Gas, wenn ich aus der Badeanstalt nach Hause ging. Das konnte mich nicht hindern, einen Umweg zu machen, der mich hinterrücks, als wollte ich sie auf frischer Tat ertappen, wieder auf meine Ecke führte. Auch in dem Laden brannte Licht. Ein Teil davon fiel auf die ausgestellte Ware und vermischte sich mit jenem der Laternen. In solchem Zwielicht verhieß das Schaufenster noch mehr als sonst. Denn nun verstärkte sich der Bann, den die auf Scherzpostkarten und Broschüren fasslich dargestellte Unzucht um mich legte, durch das Bewusstsein, mit der Tagesarbeit für heute Schluss gemacht zu haben. Was in mir vorging, konnte ich behutsam nach Hause unter meine Lampe tragen. Ja, noch das Bett geleitete mich oft zum Laden und zum Menschenstrom zurück, der durch die Krumme Straße geflutet war. Burschen begegneten mir, die mich stießen. Aber der Hochmut, den sie unterwegs in mir hervorgerufen hatten, kam nicht mehr auf. Der Schlaf gewann der Stille meines Zimmers ein Rauschen ab, das mich für das verhasste der Badeanstalt in einem Augenblick entschädigt hatte.

Theodor Lessing

Meine Tiere

Ja! ich habe Helfer besessen! Sie kamen, so war es bestimmt, immer aus dem Dunkel. Alle halfen, aber das Beste taten meine Tiere: Hunde, Katzen und Vögel, Mäuse, Kaninchen, Meerschweinchen; sogar die Raupen, Schnecken und Sonnenkäfer. Die Neigung, Tiere zu hegen, trug mich über den Abgrund der Jugend hin.

An den Festtagen ging ich mit der Futtertrommel zum Zoologischen Garten, immer in dem Wahn, dass einige Tiere, der Elefant, die Affen, die Seelöwen, sogar das Nilpferd warteten. Nie habe ich ein ganz reines Gewissen gehabt bezüglich des dunklen Punktes, dass ich Fleischesser und Tiernutzer geblieben bin.

Aber alle Bindung an das Außermenschliche und die oft bis zur Verzückung seliger Selbstvergessenheit gesteigerte Naturverbundenheit mit Landschaften und Jahreszeiten, Elementen, Urgewalten, Winden und Wolken, dem Baum, der Pflanzenseele und zuletzt den Tieren, konnte doch nie in mir die tiefste Unterstimme übertönen: »Nirvana«. Denn Mordhölle ist der Wald, Mordhölle das Meer, Mordhölle der Dschungel, Unterholz, Moor. Alles Leben – unbegreifliches Grauen.

Polio, der Hofhund in Herrenhausen, Sultan, der schwarze Neufundländer, Puck, der helle Spitz, Cäsar, der melancholische Schäferhund, Margo, mein grauer Silbermops ..., ich sehe so viele Hundegesichter wie Gesichter dahingegangener Freunde, und jedes Gesicht war einmalig und kommt nie wieder. Wenn aber (es wäre das schlechthin Schauerlichste und Grauenhafteste, was meine

Phantasie auszudenken vermöchte) es Unsterblichkeit der Seelen gäbe, Wiedersehn und Wiederkehr nach dem Tode, so möchte ich von Menschen nur wenige wiedersehn; aber reizend fröhlich ist der Gedanke, von all den geliebten Tieren wieder umjubelt zu sein.

Im Stall des alten Generals stand die goldbraune Stute Barbara. Jederzeit konnte ich mich unter ihren warmen Leib kauern, den Kopf legen an das große Herz und in die tiefen, klaren Augen schauen. Sie wieherte und hauchte heiß in mein Gesicht aus glänzenden Nüstern und leckte meine Hände, wenn ich vom Kaffeetisch der Eltern etwas Zucker stahl. Neben ihr lebte Sultan sein schweres Proletenleben, ein ungeheurer, zottiger Tapps mit traurigen Augen, tagsüber an der grünen Hundehütte angekettet, damit die Kranken, die zu meinem Vater aus und ein gingen, nicht erschrecken sollten. Die beste Stunde in seinem Leben war, wenn ich mittags aus der Schule kam, die Bücher fortschleuderte, ihn von der Kette löste und im hinteren Garten mit ihm tobte und dann Futter brachte. Puck, der schönste weiße Spitz, lebensprühend, quicklebendig, war viel klüger als die meisten Menschen, von denen er sich nur durch den Mangel der Sprache unterschied, und selbst das stimmte nicht, denn er sprach mit Bellen, Rute, Behängen, und jede Meinung war ihm anzusehn. Nachts bewachte er den Obstgarten, bis ihn böswillige Nachbarn vergifteten. Cäsar war ein Schäferhund, der vom Lande kommend, an Heimweh litt. Er galt für bösartig, aber wenn ich ihn streichelte, so legte er sich demütig auf den Rücken und aus seinem Weinen klang Heimweh nach Schäfer und Schafen, freier Ebene mit Wolken am Horizont hinter Stoppelfeldern, nach Wacholder, Föhren, Birken und Heidekraut. Margo, mein Silbermops, ja, das wäre ein langes Kapitel, denn er ist durch sieben Jahre mein bester Kamerad gewesen, unendlich anmutig, süßschnäuzig, dummschlau, komisch; der letzte englische Näschenhund; seine Art ist ausgestorben. Dann hatte ich manche Katzen. Stammmutter war Gerda, benannt nach dem Ort Gernrode im Harz, wo ich auf einer Ferienwanderung sie im Waldgebüsch fand, noch blind und halb verhungert. Ich nahm sie im Ranzen mit und übergab sie dem Kutscher Georg. Sie erwuchs zu einem gewaltigen Katzentier und wurde Ahnin starker Geschlechter. Ein holdes Glück schenkte mir der Kanarienvogel Manne, der eine Zeitlang frei in meinem Arbeitszimmer lebte und Zucker von den Lippen pickte. Im Pferdestall wohnten meine weißen Mäuse, denen ich gemeinsam mit zwei benachbart wohnenden Mitschülern eine pomphafte Wohnung baute, aus mit Kaliko zusammengeleimten Glasscheiben auf einem Untergestell aus Wellblech. Sie verbrauchten eine Menge Torf, in den sie künstliche Gänge und Höhlen gruben, in welche die Weiber halbnackte, rosige Junge ablegten, welche der Mäusevater Kastor meistens fraß. Aber dieser mächtige Mäusevater erwies sich als dressierbar. Ich steckte ihn in die Hosentasche, wo er bei einem Knust Brot sich still verhielt, bis ich einen kurzen Pfiff ertönen ließ. Dann kam er vorsichtig, oft umkehrend und argwöhnisch spähend, leise aus der Tasche, huschte über die Brust zum Gesicht empor, wo auf den Lippen ein Stückchen Speck lag, das er schnappte, worauf er »wie ein geölter Blitz« schon wieder in die Tasche verschwunden war.

Theodor Fontane

MEINE KINDERJAHRE

Wie wir erzogen wurden? Ich habe diese Frage schon an mehr als einer Stelle gestreift und bin ihr namentlich im vorigen Kapitel, wo sich's um die Schule handelte, vergleichsweise nahegetreten. Indessen Erziehung und Schule, bei vielem was sie gemeinsam haben, sind doch auch wieder zweierlei; die Schule liegt draußen, Erziehung ist Innensache, Sache des Hauses, und vieles, ja das Beste, kann man nur aus der Hand der Eltern empfangen. »Aus der Hand der Eltern« ist nicht eigentlich das richtige Wort, wie die Eltern *sind,* wie sie durch ihr bloßes Dasein auf uns wirken – *das* entscheidet. Es gibt unbestritten ausgezeichnete Schul- und Erziehungsanstalten, die, mit Rücksicht auf Charakterausbildung, vielfach erheblich mehr leisten mögen als das elterliche Haus; aber in der Hauptsache bleibt doch ein Manko. Der Charakter mag gewinnen, der Mensch verliert. Es gibt so viele Dinge, die mit ihrem stillen und ungewollten, aber eben dadurch nur umso nachhaltigeren Einfluss erst den richtigen Menschen machen. Das große, mit Pflicht-, Ehr- und Rechtsbegriffen ausstaffierte Tugendexemplar ist unbedingt respektabel und kann einem sogar imponieren; trotzdem ist es nicht das Höchste. Liebe, Güte, die sich bis zur Schwachheit steigern dürfen, müssen hinzukommen und unausgesetzt darauf aus sein, die kalte Vortrefflichkeit zu verklären, sonst wird man all dieses Vortrefflichen nicht recht froh. Ich hatte das Glück, in meinen Kindheits- und Knabenjahren unter keinen fremden Erziehungsmeistern – denn die Hauslehrer bedeuteten nach dieser Seite hin sehr wenig – heranzuwachsen, und wenn ich hier noch einmal die Frage stelle: »Wie wurden wir erzogen«, so muss ich darauf antworten: »Gar nicht und – ausgezeichnet.« Legt man den Akzent auf die Menge, versteht man unter Erziehung ein fortgesetztes Aufpassen, Ermahnen und Verbessern, ein mit der Gerechtigkeitswaage beständig abgewogenes Lohnen und Strafen, so wurden wir gar nicht erzogen; versteht man aber unter Erziehung nichts weiter als »in guter Sitte ein gutes Beispiel geben« und im Übrigen das Bestreben, einen jungen Baum bei kaum fühlbarer Anfestigung an einen Stab in reiner Luft frisch, fröhlich und frei aufwachsen zu lassen, so wurden wir ganz wundervoll erzogen. Und das kam daher: Meine Eltern hielten nicht bloß auf Hausanstand, worin sie Muster waren, sie waren auch beide von einer vorbildlichen Gesinnung, die Mutter unbedingt, der Vater mit Einschränkung, aber darin doch auch wieder uneingeschränkt, dass ihm jeder Mensch ein Mensch war. Noch weit über seine Bonhomie hinaus ging seine Humanität. …

Mein Vater hing dem Spiel nach; ich auch. Aber während seine Spiele L'hombre, Whist und Boston hießen, des edlen Pharaos ganz zu geschweigen, hießen die meinigen, um nur ein paar zu nennen, Klinker und Knut und Anschlag und Versteck. Kartenspiel, wie's auch Kinder spielen, war mir immer höchst langweilig, wogegen ich all das, was ich *meine* Spiele nannte, mit einer Lust und Leidenschaft spielte, die weit über die Kartenspiellust meines Vaters hinausging. Ich war der geborne kleine Akrobat. Von Schulgerechtem konnte dabei keine Rede sein; aber in allem, was einem auf diesem Gebiete, wenn man leidlich gesund ist, von Mutter Natur als Voranlage mitgegeben wird, war ich sehr glücklich ausgestattet. Ich war stärker und gewandter als die Schul- und Straßenjungen, mit denen ich anfänglich (später änderte sichs) in Berührung kam, und diese Kraft und Gewandtheit zu zeigen, war ich in so hohem Maße beflissen, dass ich, im Rückblick auf meine Kinderjahre, diese ganze Zeit nicht als eine Schul- und Lernezeit voll Gequält- und Gedrilltwerdens, sondern als eine Zeit unausgesetzten Spielens vor Augen habe, so sehr überwogen die Spielstunden alles andere, sowohl dem Zeitmaße wie dem Interesse nach.

Noch einmal, es war zumeist meine natürliche Veranlagung für das Turnerische, was mich die gewöhnlichen Knabenspiele mit so viel Lust und Liebe spielen ließ, und ich werde davon in diesem und den folgenden Kapiteln noch mancherlei zu berichten haben. Aber in jenem wohlbekannten Widerspruche, der nun mal, einem rätselhaften Naturgesetze folgend, unser Leben und unsere Neigungen durchzieht, in diesem auch bei mir zutage tretenden Widerspruche traf es sich so, dass meine zwei leidenschaftlichsten Spielbeschäftigungen in dem einen Falle gar nichts und in dem andern sehr wenig mit Akrobatik und halsbrecherischen Kunststücken zu tun hatten. Denn diese zwei leidenschaftlichsten Beschäftigungen waren: die Buchbinderei (richtiger noch, bloße Papparbeit) und das Versteckspielen.

Die *Papparbeit!* Mir ganz unerfindlich jetzt, wie mich diese langweiligste Beschäftigung durch Jahre hin so ganz in Anspruch nehmen konnte, dass ich mindestens ein Drittel meiner freien Zeit damit verbracht und mindestens zwei Drittel meines Taschengeldes für Pappe, marmoriertes Papier und Goldborten ausgegeben habe. Nun darf ich zwar hinzusetzen, dass ich den Kleisterpinsel im Dienst einer höheren Idee schwang und dass der meiner

Leimtopfarbeit dienende Stubenwinkel eine Art Schutzwaffenfabrik war, wo meine Völker, ich komme weiterhin darauf zurück, wehrhaft gemacht und mit Schilden und Brustharnischen ausgerüstet wurden; aber wiewohl das alles zutrifft, so kann ich doch das Entschuldigungsmoment, das darin liegt, vorm Richterstuhl der Wahrheit kaum gelten lassen, weil ich deutlich fühle, dass ich, auch wenn die Volksausrüstungsfrage mir fern gelegen hätte, dennoch dieselbe Klebebeschäftigung geübt haben würde. Dann freilich wahrscheinlich als Domarchitekt und Kathedralenbauer in Pappe. Ich kann es mir nur so erklären, dass sich ein gewisser Gestaltungsdrang darin aussprach. Es prickelte mich, etwas entstehen zu sehen. Aber vielleicht ist diese Erklärung auch noch zu schmeichelhaft.

Ähnlich ratlos steh ich der *Versteckspiel*passion gegenüber. Denn wenn auch die darauf verwendete Zeit – weil ich die sechs, acht Jungen, die mich aufsuchen mussten, nicht immer zur Hand hatte – viel geringer war, so war doch die Leidenschaft dafür noch viel, viel größer, und am größten da, wo sie am unverständlichsten war. Das schon vorgeschilderte Herumklettern in dem in tiefem Schatten liegenden Sparrenwerk des Daches, auch wenn ich dabei hinter einem Rauchfang oder Lattenverschlag auf Augenblicke nach Schutz und Deckung suchen musste, war kein eigentliches Versteckspiel, trotzdem etwas davon mit vorkam; eigentliches Versteckspiel nach meiner damaligen Anschauung war etwas viel Großartigeres, Poetisch-Phantastischeres und jedenfalls gleichbedeutend mit einem völligen stundenlangen Verschwinden, wozu der riesige Heuboden, den wir auf unserem Hofe hatten, eine nicht zu übertreffende Gelegenheit bot. Bis unter den First eines langen

Stallgebäudes lag das Heu dicht aufgeschichtet, und in die tiefen und engen Löcher, die sich hier und da zwischen den Dachbalken und der Heumasse befanden, ließ ich mich leise hinabgleiten. Da saß ich dann endlos, unter beständigem Herzklopfen, vor Enge und Schwüle beinahe erstickend und immer nur durch die glückselige Vorstellung aufrechterhalten: »Und wenn sie dich suchen bis an den Jüngsten Tag, sie finden dich nicht.« Und sie fanden mich auch wirklich nicht, gaben zuletzt alles Suchen auf, brachen das Spiel ab und gingen in die Küche, wo sie, Schemel und Fußbänke an den Herd rückend, unter Verwünschungen gegen mich ihr Vesperbrot verzehrten. Ich aber, wenn ich an dem Stillwerden in Hof und Garten merkte, dass man die Jagd auf mich aufgegeben hatte, wand mich aus meinem Heuloche wieder heraus und erschien nun unter ihnen mit dem Ausdruck höchster Geringschätzung. Ich tue wieder die Frage, worin wurzelt da das Glück?

Begreiflicher als die Versteckspielfreude war die Lust am Klettern, wozu neben anderem die dicht vor unserem Hause stehenden Kastanienbäume mich geradezu herausforderten. Auf den unteren Ästen sich einlogieren, das konnte jeder; aber von der höchsten Spitze her einen blühenden Zweig herunterholen, das war ein lohnender Ehrgeiz, dem ich beinahe mal zum Opfer fiel. Unter dem Baume stand der alte Pietzker, unser Nachbar, ein Holländer, der einen Handel mit Edamer Käse trieb und nach Art der französischen Bauern immer in einer weißen Zipfelmütze einherging. Er war mein guter Freund und rief mir in den Baum hinauf zu, ich sollte mich in acht nehmen, Kastanienholz bräche leicht.

Es war gut gemeint, aber kam zu spät. Denn im selben Augenblicke gab es auch schon ein Knicken und Knacken, und ganz zuletzt noch einmal auf den Hauptast des Baumes aufschlagend, stürzte ich von oben herab auf den steinharten Boden, steinhart, weil zehn Fuß breit um das Haus herum Müll und Ziegelschutt aufgeschüttet war. Ich lag da für tot und rührte mich nicht, der Umstand indes, dass das viele kleine Gezweige zunächst die Vehemenz des Sturzes gemindert hatte, hatte mich doch gerettet, und nach kurzer Zeit schlug ich die Augen auf, und Pietzker trug mich in die Apotheke, wo man mir mit Salmiakgeist weiter aufzuhelfen trachtete. Geschah auch. Als ich aber über Rücken- und Rippenschmerzen klagte, sagte Pietzker: »Da hilft bloß Mierenspiritus.« Und ehe ich »ja oder nein« sagen konnte, wurde ich damit übergossen. Ich hatte immer noch Schmerzen, war jedoch wieder beweglich geworden und konnte, wenn auch freilich nur mit Anstrengung, beim Abendbrot, bei dem die Eltern glücklicherweise fehlten, erscheinen. Es war gerade die schon in einem früheren Kapitel erwähnte Milchsuppenzeit, was an und für sich gut passte. Zugleich aber war es auch der Tag, wo aus der herkömmlichen Folge von Reis, Grieß, Hirse gerade die Hirse an der Reihe war, und mit einem Male merkend, dass sich, wohl in weiterer Folge meines Sturzes, die Vorderhälfte des einen Backzahns ablöste, fühlte ich auch schon, wie sich ein Hirsekorn in die offene Stelle einsenkte. Unter furchtbaren Schmerzen verbrachte ich die Nacht und war am andern Tag ein Bild des Jammers. Dazu kam noch die beständige Furcht, ich könnte wegen Kletterns, das natürlich verboten war, abgestraft werden. Das unterblieb aber. Mein Vater trat vielmehr, als ich unglücklich dasaß, zu mir heran und sagte: »Pietzker hat mir alles erzählt. Du wirst noch den Hals brechen. Wo tut's denn weh?«

Er hatte geglaubt, dass ich auf Kopf und Rücken zeigen würde, ich zeigte aber auf den Zahn und erzählte ihm, dass die Vorderhälfte abgebrochen sei.

»Nun, das ist nicht schlimm. Da muss die andere Hälfte auch raus. Dann bist du's los. Weh tut es. Aber das ist die Strafe.«

Gertrud Kolmar

Spaziergang

Komm, wir wollen unter Bäume gehn,
Die voll blanker Gummibälle hängen,
Zu den Sträuchern, da sich Gerten drängen
Und als Blüten rote Kreisel drehn.

Komm, wir wollen in den Garten gehn,
Wo die kleinen Sammettiere weiden,
Viele Puppen, gelb- und lilaseiden,
Schlank auf feingeharkten Beeten stehn.

Blaue Hühner, die es gar nicht gibt,
Silberkämmig, suchen deine Hände,
Nehmen Bröckelbrot und Körnerspende,
Furchtlos dankbar, weil das Kind sie liebt.

Aus der Düne, die am Meere steigt,
Kriechen Eimer, Kuchenform und Schippe,
Tritonshorn, das ungeübter Lippe
Seine allerschönsten Lieder zeigt.

Eisenbahnen stampfen ihren Reim,
Winken fröhlich mit zerzausten Haaren.
Willst du um den braunen Felsen fahren?
Jede Reise bringt dich wieder heim.

Denn vom Felsen springt Granatenwein,
Brausen Himbeer- und Zitronenwässer;
Grüne Maitrankblätter füllen Fässer,
Und das Honigkissen schwillt am Stein.

Koste, liebes Herz, und lass uns gehn,
Ampel zünden, Spiegeleier braten,
Deine Strümpfchen stopfen und beraten,
Was wir miteinander angesehn.

August Heinrich Hoffmann von Fallersleben

Schuleifer

Im Winter, wenn es frieret,
Im Winter, wenn es schneit,
Dann ist der Weg zur Schule
Fürwahr noch mal so weit.

Und wenn der Kuckuck rufet,
Dann ist der Frühling da,
Dann ist der Weg zur Schule
Fürwahr noch mal so nah.

Wer aber gerne lernet,
Dem ist kein Weg zu fern:
Im Frühling wie im Winter
Geh ich zur Schule gern.

Anna Louisa Karsch

Leben der A. L. Karschin, geb. Dürbach

Mein Oheim fragte eines Tages nach den Maßregeln meiner Erziehung. »Oh!«, sagte meine Mutter, »das unartige Kind soll lernen, und es ist nichts in sie zu bringen!« Mein Oheim bewies ihr die Unmöglichkeit. Er nahm mich mit; seine Wohnung war in Polen; er genoss in einem kleinen Hause der Ruhe des Alters und lebte von dem, was er in jugendlichen Jahren als Amtmann erspart hatte. Die liebreichste Seele sprach in jedem Wort seines Unterrichts, und in weniger als einem Monat las ich ihm mit aller möglichen Fertigkeit die Sprichwörter Salomonis vor. Ich fing an zu denken, was ich las, und von unbeschreiblicher Begierde angeflammt, lag ich unaufhörlich über dem Buche, aus welchem wir die Grundsätze unserer Religion erlernen. Mein ehrlicher Oheim freute sich heimlich, aber er riss mich oft vom Buche und wandelte mit mir durch ein kleines Gehölz oder durch eine blumige Wiese. Beides war sein Eigentum, und beides gab ihm Gelegenheit, mit mir von den Schönheiten der Natur zu reden. Ich wiederholte ihm alles Gelesene und verlangte die Erklärung derjenigen Stellen, die über meine Begriffe waren. Er vergnügte sich, mein Ausleger zu sein, und ich belohnte ihm seine fromme Mühe mit tausend kleinen Schmeicheleien. Er hatte selbst keine Kinder, und sein Herz war mir umso mehr offen, je mehr es leer war, als er die Pflichten eines Unterweisers übernahm. Ich lag ihm an, mich schreiben zu lehren; meine Großmutter widersetzte sich und wandte alle ihre Beredsamkeit an, um diesen Vorsatz zu zernichten. Es misslang ihr; ich suchte aus irgendeinem Winkel ein Brett hervor und brachte es meinem gütigen Oheim. Er zeichnete mir Buchstaben darauf, ich malte sie nach, sehr bald ergriff ich die Feder, und als einstmals meine Eltern uns besuchten, hüpfte ich ihnen mit einem Papier in der Hand entgegen und rief voller Empfindung: »Vater, ich kann schreiben!« Dieser gute Vater küsste mich, und ich sah ihn nicht mehr. Er starb wenige Monate nach diesem Besuche. Meine Mutter blieb nicht lange Witwe. Sie gab ihr Herz einem andern Manne und kam in seiner Gesellschaft, uns zu besuchen. »Herr Vetter«, sagte sie, »ich komme, meine Tochter abzuholen! Ich brauche sie künftig zur Wiege, und ich fürchte, sie wird verrückt im Kopfe werden, wenn sie fortfährt, Tag und Nacht über den Büchern zu liegen. Sie kann lesen und schreiben, dies ist alles, was ein Mädchen wissen muss!« – »Ja«, sagte mein Oheim, »es ist wahr; aber wollte sie nicht, dass ich sie so viel Latein lehrte, als ich selbst weiß? Sie bezeigt große Lust und weiß schon eine Menge Vokabeln auswendig!« »Das kann sein«, sagte meine Mutter, »aber sie wird nicht studieren, und ich danke Ihnen für den guten Willen.« Alle Vorstellungen waren umsonst. Mein Oheim segnete mich, und ich reiste mit seiner Träne auf meiner Wange fort. Meine Mutter gab ihrem zweiten Manne einen Sohn, und ich bekam das Amt einer Kindwärterin. Zehn Jahr war ich alt, mein Stiefbruder ward meine einzige Beschäftigung. Traurig saß ich an seiner Wiege, weil mir Bücher fehlten, denn an meinem Geburtsort auf der Meierei fand ich keine. Endlich machte die stürmische Gemütsart meines Pflegevaters, dass wir den Ort verlassen mussten. Wir zogen nach Kirschtiegel, einem Städtchen im glogauischen Fürstentume, nicht fern von meinem Geburtsort. Meine Eltern pachteten ein Vorwerk, und ich ward eine Hirtin. Früh, ehe noch die Sonne den Tau trank, nahm meine alte wirtschaftliche Großmutter dreien

Kühen die Milch, und dann trieb ich sie vor mir her, stolz auf die Zufriedenheit, die ich fühlte, wenn über meinem Haupte die Lerche ihren langtönigen Gesang fortsetzte. Ich genoss alle die Annehmlichkeiten des Sommers, und oft dachte ich mir kleine Geschichten aus, die den biblischen Historien ähnlich waren. Ich baute Türme von Sand, mauerte sie mit Steinen und stürmte sie mit hölzernem Geschoss darnieder. Ich führte in meiner rechten Hand einen Stab, und indem ich mit mir selbst redete, war ich das Haupt einer Armee! Alle Disteln waren meine Feinde, und mit kriegerischem Mut hieb ich allen die Köpfe ab. Die Taten Davids und der Makkabäer waren meine Muster, und es ergötzte mich, wie sie zu siegen. Nach vielen wichtigen Schlachten saß ich an einem Herbsttage am Rande eines kleinen Flusses und ward jenseits des Wassers einen Knaben gewahr, welchen einige Hirtenkinder umgeben hatten. Er war ihr Vorleser, und ich flog hin, um die Zahl seiner Zuhörer zu vermehren. Welch ein Glück für mich! Ich nahm in den folgenden Tagen einen Umweg, trieb meine Kinder durch den Fluss, wo er am seichtesten war, und fand meine so lange entbehrte Wollust, die Bücher, wieder. Da waren Robinsons, irrende Ritter, Gespräche im Reiche der Toten; o da waren neue Welten für mich! Der Herbst verging mir zu bald; ich weinte, doch wir setzten unsere Versammlung fort. Ich schlüpfte, sooft meine Mutter mich verschickte, in das Haus des Hirtenknaben. Er war ein Aesop von Gestalt, aber seine Bücher waren desto schöner. Unsere Zusammenkünfte blieben nicht lange verborgen. Mein Stiefvater donnerte wegen meiner Lesesucht auf mich los! Ich versteckte meine Bücher unter verschwiegene Schatten eines Holunderstrauchs und suchte von Zeit zu Zeit mich in den Garten zu schleichen, um meiner Seele Nahrung zu geben.

Gerhart Hauptmann

Das Abenteuer meiner Jugend

Der durch Jahre vorausgeworfene Schatten des ersten Schultags verdichtete sich. Eines Tages nach Weihnachten sagte meine Mutter zu mir: »Wenn das Frühjahr kommt, musst du in die Schule. Ein ernster Schritt, der getan werden muss. Du musst einmal stillsitzen lernen. Und überhaupt musst du lernen und lernen, weil auf andere Weise nur ein Taugenichts aus dir werden kann.«

Also du musst! du musst! du musst!

Ich war sehr bestürzt, als mir diese Eröffnung gemacht wurde. Dass ich erst etwas werden solle, da ich doch etwas war, begriff ich nicht. War ich doch völlig eins mit mir! Nur immer so weiter zu sein und zu leben war der einzige, noch fast unbewusste Wunsch, in dem ich beruhte. Freiheit, Stille, Freude, Selbstherrlichkeit: warum sollte man etwas anderes wollen? Die kleinen Gängelungen der Eltern störten diesen Zustand nicht. Wollte man mir dieses Leben wegnehmen und dafür ein Sollen und Müssen setzen? Wollte man mich verstoßen aus einer so vollkommen schönen, mir so vollkommen angemessenen Daseinsform?

Ich begriff diese Sache im Grunde nicht.

Etwas auf andere Weise zu lernen als die, welche mir halb bewusst geläufig war, hatte ich weder Lust, noch fand ich es zweckmäßig. War ich doch durch und durch Energie und Heiterkeit. Ich beherrschte den Dialekt der Straße, so wie ich das Hochdeutsch der Eltern beherrschte. Erst heute weiß ich, welch eine gigantische Geistesleistung hierin beschlossen ist und dass sie, geschweige von einem Kinde, nicht zu ermessen ist. Spielend und ohne bewusst gelernt zu haben, hantierte ich mit allen Worten und Begriffen eines umfassenden Lexikons und der dazugehörigen Vorstellungswelt.

Ob ich mich nicht wirklich vielleicht ohne Schule schneller, besser und reicher entwickelt hätte?

Vielleicht aber war das Schlimmste ein Seelenschmerz, den ich empfand. Meine Eltern mussten doch wissen, was sie mir antaten. Ich hatte an ihre unendliche, uferlose Liebe geglaubt, und nun lieferten sie mich an etwas aus, ein Fremdes, das mir Grauen erzeugte. Glich das nicht einem wirklichen Ausstoßen? Sie gaben zu, sie befürworteten es, dass man mich in ein Zimmer sperrte, mich, der nur in freier Luft und freier Bewegung zu leben fähig war – dass man mich einem bösen alten Mann auslieferte, von dem man mir erzählt hatte, was ich später genugsam erlebte: dass er die Kinder mit der Hand ins Gesicht, mit dem Stock auf die Handteller oder, so dass rote Schwielen zurückblieben, auf den entblößten Hintern schlug!

Der erste Schultag kam heran. Der erste Gang zur Schule, den ich, an wessen Hand weiß ich nicht mehr, unter Furcht und Zagen zurücklegte. Es schien mir damals ein unendlich langer Weg, und so war ich denn recht erstaunt, als ich ein halbes Jahrhundert später das alte Schulhaus suchte und nur deshalb nicht fand, weil es aus dem Fenster der alten Preußischen Krone sozusagen mit der Hand zu greifen war.

Unterwegs gab es Verzweiflungsauftritte, die nach vielem gutem Zureden meiner Begleiterin und nachdem sie mich an der Schultür unter den dort versammelten Kindern allein gelassen hatte, dumpfe Ergebung ablöste.

Es gab eine kurze Wartezeit, in der sich die kleinen Leidensgenossen tastend miteinander bekannt machten. Im Hausflur der Schule zusammengepfercht, pirschte sich ein kleiner Pix an mich heran und konnte sich gar nicht genug tun in Versuchen, die Angst zu steigern, die er bei mir mit Recht voraussetzte. Diese kleine schmutzige Milbe und Rotznase hatte mich zum Opfer ihres sadistischen Instinktes ausgewählt. Sie schilderte mir das Schulverfahren, das sie ebenso wenig kannte wie ich, indem sie den Lehrer als einen Folterknecht darstellte und sich an dem gläubigen Ausdruck meines angstvoll verweinten Gesichts weidete. »Er haut, wenn du sprichst«, sagte der kleine Lausekerl. »Er haut, wenn du schweigst, wenn du niesen musst. Er haut dich, wenn du die Nase wischst. Wenn er dich ruft, so haut er schon. Pass auf, er haut, wenn du in die Stube trittst.«

So ging es, ich weiß nicht wie lange, fort, mit den Worten und Wendungen des Volksdialekts, in dem man sich auf der Straße ausdrückt.

Eine Stunde danach war ich wieder zu Haus, aß mit den Eltern vergnügt und renommistisch das Mittagbrot und stürzte mich mit verdoppelter Lust ins Freie, in die noch lange nicht verlorene Welt meiner kindlichen Ungebundenheit.

Nein, die Dorfschule mit dem alten, immer missgelaunten Lehrer Brendel zerbrach mich nicht. Kaum wurde mir etwas von meinem Lebensraum und meiner Freiheit weggenommen und gar nichts von meiner Lebenslust. ...

Die immer wiederkehrende Mahnung meines Vaters sowie meiner Mutter lautete: »Gerhart, träumere nicht!« oder: »Träume nicht!« Es betraf dies natürlich die Zeiten des Ausruhens, wenn mein Bewegungsdrang in der freien Luft nicht mehr weiterzutreiben war. In der Tat, ich versann mich bei jeder Gelegenheit, sodass man die Frage immer wieder mit Recht an mich richten konnte: »Komm zu dir! Wo bist du denn?!« Ich versann mich etwa, wenn ich vor der Zeit meines ersten Schulgangs, das Kinn in die Hände gestützt, am Fenster lag und auf den fernen Hochwald starrte, den heiligen Berg, hinter dem die Welt zu Ende war und von dessen Spitze aus man in den Himmel stieg. Dieser Berg und seine Bestimmung waren mir immer wieder anziehend. Wenn nicht ich selbst, so ist mein Geist von dort aus unzählige Mal in den selbstgeschaffenen Himmel gestiegen und hat sich mit der Rätselfrage der Weltbegrenzung abgemüht.

Dabei erwog ich die menschliche und meine eigene Einsamkeit, die ich schon sehr früh erkannt habe. Die unbegreifliche Größe des Schicksals erfüllte mich, solange ich ihr nachhing, mit einer schauervollen Beklommenheit.

Ich fragte mich: Wie rettet man sich aus der eigenen Verlassenheit? Halte dich an Vater und Mutter! – Vater und Mutter teilen dieselbe Verlassenheit und Verlorenheit! – Wende dich an Bruder und Schwester, die Tausende und Tausende deiner Mitmenschen! Und nun gab ich die Antwort mir selber mit einem Bilde aus meiner bildgenährten Traumes- und Vorstellungswelt: die Gesamtheit der Menschen sah ich als Schiffbrüchige auf einer Eisscholle ausgesetzt, die von einer Sintflut umgeben war. Kinder in den frühesten Bewusstseinsjahren nach der Geburt fühlen vielleicht stärker als Erwachsene das Rätsel, in das sie versetzt worden sind, und bringen vielleicht von dort, wo sie kurze Zeit vorher noch gewesen sind, Ahnungen mit.

Else Lasker-Schüler

Der letzte Schultag

Nur für Kinder über fünf Jahre

Denn mit sechs Jahren pflegt man in die Schule zu kommen. Manche Kinder können vor Erwartung die Nacht vorher nicht schlafen, andere fühlen dumpf: Ihre erste Spielzeit ist vorüber. Kein Kind entrinnt seinem Schulgeschick, und dass nun einmal alle Kinder in die Schule gehen müssen, tröstet die ganzen langen, langen Jahre über sie hinweg. Also eines Morgens wird man in die Schule gebracht. Die kleinen Mädchen in ihren Sonntagskleidchen, die kleinen Knaben in ihren neuen Matrosenanzügen zur Feier des denkwürdigen Tages. Bald können sie alle lesen, rechnen und schreiben. An diese Dinge erinnere ich mich ganz genau, an den letzten Schultag weniger, denn – ich habe ihn – geschwänzt. Und auch die anderen Schultage haben sich fast alle vernarbt in meinem Gedächtnis. Woran man nicht eben allzu gern denkt!! Doch ich habe die Schrecken der Schule noch nicht ganz überwunden; nachts erscheint mir, wie oft schon, mein Schuldirektor Schornstein im Traum als wirklicher Schornstein im Bratenrock, und ich glaube im Rauch und Ruß ersticken zu müssen. Das nennt man Albdrücken, und es ist kein Vergnügen, so zu träumen. Der Direktor Schornstein kam nämlich auch immer so unverhofft in die Klasse mit der Tabakspfeife im Munde, um zu kontrollieren. Mir fielen die endlich kapierten Rechenaufgaben wieder in den Magen zurück, und ich schluckte und schluchzte, und ich kam in die Ecke. Damals war mein Herz noch eine frische Herzkirsche, und *das* war es ja eben, die Schule ließ mich immer den Stein fühlen. Allen Kindern, die einen Schulranzen auf den Rücken tragen, blicke ich mit Wehmut nach. Jetzt mag es ja anders sein, nachdem die gesamten Schulkinder gestreikt haben. Mein Papa war es, der mich und meine achtjährigen Freundinnen schon damals gegen die strenge Schulschaft aufzustacheln versuchte: Wir könnten *viel* mehr als die Lehrerinnen und Lehrer! – Er erreichte, dass ich und die Martha Schmidt und die Emmy Bachmann uns sträubten, weiter in die Schule zu gehen. Und ich erinnere mich, mein Papa und ich bekamen dann am Sonntag nach dem Mittagessen zur Strafe keine Torte. Er wollte nichts gesagt haben, denn er aß mit Leidenschaft Nusstorte, jammerte, bis meine älteste Schwester ihm heimlich ein großes Stück in einen großen Bogen gewickelt in die Manteltasche steckte. Ich sah es wohl. – Schule muss sein, in die Schule muss man gehen, wie sollte man sonst fürs Leben die nützlichen Dinge lernen, die man zur Verständigung nötig hat; bitte, wie? Zum Beispiel, man verreist einmal zur Tante oder zum Onkel – und möchte nach Hause schreiben. Schreiben *muss* man eben lernen! – Oder, du siehst im Kiosk die kleinen Indianerheftchen. Mit dem Bild auf dem Umschlag ist's doch nicht allein getan. Lesen *muss* man eben lernen! Hätte ich nur besser im Rechnen aufgepasst; jeder Kaufmann, der meine Bilderbücher verlegt, versteht sich die Wurzel herauszuziehen – rücksichtslos, *ja, aus jeder Seite*! Mit sechs Jahren ist das Gehirn noch weich (von Mörtel keine Spur), Buchstaben und Ziffern prägen sich leicht und tief in die nachgiebige Gehirnmasse, wie in den warmen Mondamin-Puddingteig die übliche Fischform. …

Aber die Schulaufgaben musste ich ja noch machen. Ich hatte gar keine Lust. Aufsätze wurden mir immer besonders schwer zu schreiben. Unter: »Friedrich der Große« hatte ich »mangelhaft« bekommen, und beim: »Winter im Riesengebirge« wollte mir meine älteste Schwester helfen, die war gerade aus der Pension gekommen. Nachzusitzen fürchtete ich am empfindlichsten, es war langweilig allein in der Klasse. Draußen in der Wupper spülten die Arbeiter die gefärbten Baumwollen, dadurch, wurde mir klar, schimmerte der liebe Fluss immer wie sauer gewordene schwarze Milch. Zuguterletzt schlief ich ein. Da war mir die Unterrichtsstunde doch noch lieber. Wir spielten oft Konditorei, namentlich in der Geografie: Es war uns allen eigentlich ganz egal, woran die anderen Städte lagen, und nur die afrikanischen Ströme interessierten mich, weil sie sich reimten. Und es ging mir wie Wasser von den Lippen: Senegal und Cambia, Niger oder Dcholiba, Zair und Orangefluss, Nil und Zambesi. Mit diesem Gedicht verdiente ich mir mein erstes und einziges Lob, das ich in der Schule ins Klassenbuch geschrieben und verewigt erhalten habe. Fräulein Kreft war auch die einzige Lehrerin, die an mich glaubte. Immer, wenn sie etwas Denkwürdiges zu sagen hatte, schob sie vorher ein Stückchen Lakritz in den Mund, wie gegenwärtig, da sie sich über mich äußerte zu unserer geliebten Mama: »Die Else ist gar nicht außergewöhnlich dumm im Grunde«. Eigentlich war Papa an allem schuld, er kaufte mir ja die Bonbons und die Schokolade, die mich am Aufpassen im Unterricht hinderten. Es tat ihm nämlich nachher so leid, wenn er mich gescholten hatte, und ich war schlau genug, ihn des Öfteren zu reizen. Auf unseren Rechenlehrer Herrn Gramm hatte er mit uns Kindern eine heimliche Wut. Noch vor dem Schultor fasste er mich und meine Freundinnen ab und verführte uns, die Rechenstunde zu schwänzen. Er kaufte dann viel, viel Leckers und eine Menge Knallbonbons; die abfeuern zu lassen, machte ihm ungeheuren Spaß. Eine von uns saß in einer Soldatenmütze da, die andere in einem Turban, ich in einem Matrosenhut und mein Papa in einer weißen Haube um den Tisch im Bureau; lange Bänder rieselten ihm über die Ohren. Ja, die lachten selbst noch, sein ganzes weißumbartetes Gesicht, das kleinste weiße Haar auf seinem Kopf lachte. Er war ja auch so jung gekleidet, und wenn er von seinen Eltern erzählte, saß er noch auf ihrem Schoß oder Großpapa prügelte ihn gerade, denn er war der ungezogenste unter seinen Brüdern. Wenn wir genug getrunken und gegessen hatten, spielte er mit uns tobenden Kindern: Schulmeister. Den dicken Stock holte er aus der Ecke, und wir mussten mit ihm A, B, C singen. Das ging dann so: (Wir:) »abcdefghiklmnop.« (Schulmeister:) »Könnt ihr denn nicht lernen das Abc, könnt ihr denn nicht lernen das Abc.« (Wir:) »qrstuvwxyz –« (Schulmeister:) »Möchte lieber Schweinehirt als Schulmeister sein, möchte lieber Schweinehirt als Schulmeister sein.« (Wir:) »abcdefg«– (Schulmeister:) »Multiplizieren, dividieren und dabei noch korrigieren –« (Wir:) »hiklmnopqrstuvw.« – In der Religion, hätte ich beinahe zu melden vergessen, war ich eine gute Schülerin, tiefen Eindruck machte auf mich die Josephgeschichte. Einmal weinte ich so bitterlich bei der Stelle, als Josephs schöner, bunter Samtrock in Blut von den Brüdern getaucht wurde, dass mich der Geistliche gerührt nach Hause schickte. Sowie ich nach Hause kam aus der Schule, spielte ich mit den Straßenbengels

Räuber und Gendarm in unserer kleinen Gasse, manchmal kam der Bernhardiner aus dem fremden Garten, der unsere kleine Straße begrenzte, übern Zaun gesprungen; in rasender Angst schrien wir wie aus einem Munde: »Mama!!« – Das Handarbeiten machte mir aber auch Freude. Die Handarbeitslehrerin lobte meinen Fleiß. Ellenlange Strümpfe strickte ich; zwar oft rief sie: »Wo soll das hin!« Meine Schwestern nämlich pflegten mir Fleißknäuel zu wickeln mit allerlei Nippsachen darin. Ich jagte nur so durch die Wolle. Immer fielen Überraschungen in meinen Schoß: Ein Goldtäschchen, ein Tellerchen, ein Löffelchen, ein Kännchen, ein Zuckerschälchen – bis das kleine Service beisammen war; einmal kam ein klimperkleines Klavierchen aus Porzellan. Wenn der rechte Strumpf fertig war, hatte ich den linken verloren, meist eignete sich ihn mein Papa an, denn er liebte im Andenken an die westfälischen Bauern, sein Geld im Strumpf zu tragen mit etlichen Papieren, vollgekritzelt oder bemalt. – Mit der angelsächsischen Lehrerin aus Leipzig, die uns Kinder in der englischen Sprache unterrichtete, verstand sich mein Papa sehr gut, er kaufte für Fräulein des Öfteren »Schatullen«, die ich ihr mitbringen musste, die stellte sie sich bis nach dem Unterricht in den Schrank. Dafür fragte sie mich nicht allzu viel. Die französische Sprache lernte ich, so gut ich konnte, von meiner von mir angebeteten Mama, die schon im Andenken an den großen Franzosenkaiser diese Sprache liebte. Ich erbte ihre Begeisterung für den genialen und gerechten Basileus, noch heute ist er mein Typ. Ich bin nicht indiskret, wenn ich behaupte, er war meiner Mutter große Liebe gewesen; im Rahmen unter Glas an der Wand hingen Andenken an »Ihn«. Unter anderem ein kleiner Fetzen vom Kanapee, darauf Bonaparte geboren wurde. Meine geli Mama las sehr viel; Bücher tapezierten die vier Wände ihres k nen Wohnzimmers. Manchmal dachte sie noch beim Mitta sen, schien mir, an irgendeine Frau oder irgendeinen Ritter dem Roman. Ihre Augen waren dann so groß aufgetan und fern, auf dem anderen Ende der Welt – oder hoch über dem Wasser, wie bei mächtigen Vögeln, die weit fortfliegen möchten. Es tat mir dann immer so leid im Herzen, ich hätte es ihr damals schon opfern mögen, sie mit dem kleinen blutroten Fetzen erfreuen neben der ausgefaserten Kanapee-Reliquie, aufbewahrt unter Glas. Die wuchs geradezu zu einem Prachtbett in meiner Phantasie. Eines Tages ging meine liebe Mama in den Wald hinauf. Unser Haus lag ja am Fuß des Hügels, der in die grüne Andacht führte. Sie kam zum Abendbrot nicht heim – es gewitterte von vier Himmelsrichtungen, einmal grün, dann rot, von gegenüber: lila und nun gelb, ganz zitronengelb! Mein Papa und alle meine Geschwister gingen Mama suchen. O, es war so wehmütig – wenn doch schon ein Kind verlorengeht – und erst wie hier – eine Mama … Mein Papa weinte bitterlich mit offenen Augen, wie noch kleine Tragkinder zu jammern pflegen. Ich bemühte mich, ihn nicht anzusehen, um nicht lachen zu brauchen. Es blitzte immerzu, und dann der Donner hinterher, wie Bangemachen! Ich stieg auf unseren Turm, von ihm aus konnte ich nach allen Seiten gucken. Auf einmal sah ich meine liebe, liebe Mama so traurig den kleinen Berg herabkommen, so traurig, das vermag meine Hand nicht zu schildern, da müsste ich schon mein Herz aus der Brust nehmen und es schreiben lehren. Aber es schnürte sich zusammen zu einem einzigen Blutstropfen, der keine Gefahr kannte, und ich sprang über die Holzzinnen unseres Turms, meine traurige Mutter schneller zu erreichen; verfing mich aber in die aufgespannte Jalousie des unteren Turmfensters und lag geborgen wie in meiner Mutter Arm.

Denn Kinder haben alle einen besonderen Schutzengel. Ich wurde von der herbeigeeilten freiwilligen Feuerwehr, zu der mein zweiter Bruder gehörte, aus dem Fallschirm gerettet. Er trug mich auf seiner breiten Schulter von Stufe zu Stufe, von Luft zu Luft – immer ging es so durch den Leib – die lange, bange Leiter herab. – Ich hatte den Veitstanz bekommen. Onkel Doktor meinte: die Folge des Schrecks! Er nannte mich seitdem: »Springinsfeld!« Aber ich wusste, ich hatte den Veitstanz bekommen von etwas ganz anderem – vom ersten Schmerz meines Lebens, den auch das schönste Elternhaus nicht hat verhindern können. Aber – dafür brauchte ich nicht mehr – in die Schule gehen. »Von Schule gehen kann keine Rede mehr sein«, sprach, sogar noch dazu im diktatorischen Tone, Onkel Doktor.

Marie von Ebner-Eschenbach

Meine Kinderjahre

Den ersten Unterricht im Lesen und Schreiben erteilte uns Herr Volteneck, der Verwalter von Zdißlawitz. Er hatte eine rundliche Gestalt und einen an den Schläfen eingedrückten, länglichen Kopf und nahm sich von Weitem aus wie ein Zylinder mit einer kleinen Gurke darauf. Seine Leibfarben waren Braun und Gelb, braun die klugen, sanften Augen, das schlichte Perückchen, die Umgebung der unaufhörlich nach Schnupftabak verlangenden Nase und die Fingerspitzen, die ihr den aromatischen Staub zuführten. Gelb waren die kleinen Hände und das kleine Gesicht.

Die Seelenfarbe dieses Mannes aber kann nur das zarteste Apfelblütenrosa gewesen sein.

Schon unter meinem Großvater hatte er die Stelle der amtierenden Gerichtsperson auf dem Gute redlich und ehrenhaft versehen und genoss allgemeine Hochachtung. Dabei war er das Stichblatt schlechter Witze, die besonders unter den Schlossleuten unkrautmäßig wucherten. Er hatte eine eigene Manier, von Zeit zu Zeit seinen Rock an der Brust mit beiden Händen zu fassen und gegen den Nacken hinzuschieben. Die Gewohnheit, behauptete man, ist ihm vom Kuttentragen geblieben, denn die Kutte hat er getragen, er ist ein entlaufener Kapuziner.

Und nun hätte er seinen ganzen Lebensgang wahrheitsgetreu darstellen, hätte urkundlich nachweisen können, dass er nie einen Tag im Kloster zugebracht, geistliche Kleidung nie getragen hatte – alles umsonst! Sie wären nicht zu erschüttern gewesen in ihrer Überzeugung; er ist und bleibt ein davongelaufener Kapuziner.

Zum Unglück hatte der reizlose, ältliche Mann den Mut gehabt, eine hübsche junge Frau heimzuführen, die nicht gerade pedantisch gewesen sein soll im Festhalten an der ehelichen Treue. Darüber wurde oft gespöttelt, in verhüllter Weise sogar in seiner Gegenwart. Wir wussten natürlich nicht, um was es sich handelte; aber wir sahen, dass er ausgelacht wurde, und unsere Empörung darüber war groß, denn wir liebten diesen guten, alten Menschen und langmütigen Lehrer. Wir liebten ihn schon um seiner herrlichen Schrift willen. Da war keine, von der einfachen Kurrent bis zur Kyriliza, die er nicht hingemalt hätte in unsere Zensurenbüchlein, leicht und schwungvoll, dass die Feder hinschwebte in kleinen und großen Linien, Kreisen und Ovalen, wie durstige Schwalben spielend über dem Wasser schweben.

Im Zensurenbüchlein meiner Schwester wimmelte es von »ausgezeichnet«; ich brachte es selten zu einem »sehr gut«, und auch dieses war meist ganz mager hingehaucht, gleichsam der Schatten eines »sehr gut«. Dabei ging es vollkommen gerecht zu. Meine Schwester konnte schon geläufig lesen, während ich noch die Kunst des Buchstabierens nicht völlig innehatte.

Papa pflegte sich selten und auch dann nur oberflächlich nach dem Fortgang unserer Studien zu erkundigen. Ein kurzes: »Brav sein!« war alles, was er mir sagte, wenn er auf seine Frage »Sind sie fleißig?« die Antwort erhalten hatte: »Fritzi sehr, und Marie wird es auch werden.«

Einmal aber, wie es bei ihm meist geschah, machte etwas, das er oft übersehen und überhört hatte, ganz plötzlich Eindruck auf ihn.

»Werden? Oho, erst werden?«, wiederholte er das letzte Wort, das Mama gesprochen hatte, wandte den Kopf und sah mich an.

Es war bei Tische. Obenan saß unsere liebe Mama, unsere Großmutter zu ihrer Rechten, unser Vater zu ihrer Linken. Dann war ein langer Zwischenraum an dem großen ovalen Tische, und dann kamen wir zwei, meine Schwester und ich.

»Kann sie vielleicht noch nicht lesen? Hat im Frühjahr angefangen, lernt jetzt schon den ganzen Sommer und kann noch nicht lesen?«, setzte Papa sein Verhör fort, und ein Strafgericht drohte aus seiner Stimme.

Eine Verhandlung zwischen ihm und Mama folgte. Unsere Großmutter schwieg; sie mischte sich nie in eine Beratung der Eltern, die uns betraf.

Es ist mir später klargeworden, dass Papa die »Methode« des Herrn Verwalters angezweifelt und den Besitz einer besseren – sich selbst zugeschrieben hat. Zu meinem Entsetzen, zur – ich bemerkte es wohl! – stillen Unzufriedenheit Großmamas befahl er mir, morgen früh zu ihm zu kommen. »Allein«, schloss er nachdrücklich.

Das war ein Wort!

Wir betraten immer nur in corpore die Zimmer Papas zum Guten-Morgen- und zum Gute-Nacht-Sagen. Damals war nur ein Flügel an das Schloss angebaut; in dem befand sich unsere Wohnung. Die Papas lag am andern Ende der langgestreckten Front. Ihre Zimmer mündeten auf einen geschlossenen Gang, den wir täglich zwei Mal durchwanderten. Seine Fenster sahen auf den Hof; der Blumenhof hieß er, und er verdiente seinen Namen, denn er war von Blumengruppen und von hohen, mit blühenden Topfpflanzen besetzten Gestellen umschlossen. Aus dem Hofe führte ein breites Tor, das immer weit geöffnet blieb, in eine tiefschattige, von vier Reihen herrlicher Lindenbäume gebildete Allee. Als ich ein Kind war, da strotzte noch ihr Gezweige von Saft, da waren ihre Blätter hellgrün und weich wie Samt und ihre Blüten voll süßen Duftes. Damals prangten sie in ihrer Vollkraft. Aber Höhe ist Wende. Heute wehren ihre Wipfel den Sonnenschein nicht mehr völlig ab. Er dringt durch das dünn gewordene Laub und wirft den dunklen Stämmen goldige Lichter vor die Füße, wie spielend, wie übermütig fragend: Seht ihr? da sind wir nun doch! – Einst, wenn der Wind sich durch die Unzahl der Blätter drängte, da gab's ein weiches Rauschen, ein sanftes, harmonisches Flüstern. Anders ist das jetzt. Anders als in den jungen spielt der Wind in den alten Bäumen. Die Stimmen sind rau, die er in ihnen erweckt. Ein Knistern und Knarren durchläuft das Geäst; da und dort zerbricht ein dürrer Zweig und fällt …

Auf dem Wege zu Papa begleitete uns die Kinderfrau und wartete im Vorzimmer auf unsere Rückkehr.

Wenn wir in der Frühe bei unserem Vater eintraten, saß er an seinem Schreibtisch, mit dem Rücken gegen die Tür, hatte große Wirtschaftsbücher vor sich liegen, rechnete und schrieb. Wir wurden meistens freundlich empfangen, küssten ihm eines nach dem andern die Hand, beantworteten seine Frage: »Seid's brav?« immer bejahend und so auch bald die darauffolgende: »Ist die Pepi da? Gut also, also geht.«

Manchmal durfte er in seiner Arbeit nicht unterbrochen werden. Da hieß es: »Seid ruhig, wartet.« Man wartete, rührte sich nicht und hatte Zeit, sich mit schüchterner Neugier im Zimmer umzusehen. Es kam mir größer vor als alle anderen im Hause, und jeder Gegenstand darin hatte etwas Eigentümliches und erregte mein ganz besonderes Interesse. Wie merkwürdig war schon der Lüster, der an vergoldeten Ketten von der Decke niederhing! Eine flache, mattgrüne, mit Arabesken aus Bronze geschmückte Schale. Aus ihr heraus streckten sich sechs magere, sehnsüchtige Arme und trugen in ihren Händen tulpenförmige kleine Urnen; aus denen vergilbte Wachskerzen emporragten. Einen sehr ernsten Eindruck machten die schwarzen Möbelgestelle, der umfangreiche, schwarze Schreibtisch und die Schwärze der ganzen Gesellschaft von Schränken und Etageren.

Über dem Kanapee, das rechts an der Längswand stand, hing ein Bild, das ich mit dem Blick eben nur zu streifen wagte, weil mir sonst heiße Tränen in die Augen schössen.

Es war eine schöne Radierung und stellte einen Invaliden der Grande Armée vor, einen alten Mann in verbrauchter Uniform. Er saß auf einem Bänkchen vor einer niedrigen Hütte. Sein kahles Haupt war gebeugt, seine Arme lagen auf den ausgespreizten Knien; er hielt sein Taschentuch in den Händen und ruhte aus von einer traurigen Arbeit. An der Wand neben ihm lehnte die Schaufel, mit der er eine Grube gegraben hatte für einen treuen Gefährten – seinen Hund. Der lag zu seinen Füßen, das gebrochene Auge noch auf den Herrn gerichtet. – Ich habe dich schwer verlassen, schien es zu sagen, aber ich musste fort; es war ja hohe Zeit. Sieh mich nur an, lieber Herr. Bin ich nicht zum Kinderspott geworden, so alt und abgezehrt und hässlich? Mut, lieber Herr, steh auf und lege mich in die Grube, die du für mich gegraben hast. Ich werde da schlafen, und – Hunde träumen ja, weißt du – träumen, dass wir wieder jung sind, wir zwei, und schön und gesund. Entschließ dich, lieber Herr …

Endlich wird der Invalide doch aufstehen, nach der Schaufel greifen und den guten Hund begraben und dann keinen Freund und keinen Kameraden mehr haben und nichts mehr auf der Welt …

Noch andere Bilder hingen an den Wänden, Radierungen und Kupferstiche, lauter Erinnerungen an die Feldzüge gegen Frankreich, die unser Vater mitgemacht hatte, an Erzherzog Karl und an Napoleon. Und auf dem Schreibtisch befand sich ein Aquarellbildchen und stellte drei hübsche Offiziere in Uniform, drei junge Hauptleute, dar: unseren Vater und seine zwei Brüder, und diese seine zwei Brüder waren vor dem Feinde geblieben.

»Vor dem Feinde geblieben.« Ich hörte das sagen und fragte mich, was es bedeuten sollte. Es schien etwas Trauriges und Schönes zu sein. Papa sprach es immer in sehr ernstem und sehr stolzem Tone aus. Und auch das wirkte ergreifend auf mich und trug dazu bei, die ehrfürchtige Scheu zu erhöhen, mit der ich in seinem Zimmer stand.

Und nun galt's, wie Papa gestern befohlen hatte, mich allein in sein imponierendes Bereich zu begeben. Mama begleitete mich bis zur Schwelle des Eingangszimmers, blieb dort stehen und machte mir, als ich mich nach einigen Schritten umwandte und ihr Lebewohl zuwinkte, ein Zeichen, vorwärts zu gehen und dann anzuklopfen. Ich tat's, und: »Herein!« tönte es mir laut und barsch entgegen.

Ein ermutigender Empfang wurde mir nicht zuteil. Papa reichte mir zwar die Hand zum Kusse, ließ aber vom Moment meines Eintretens an fortwährend seinen Blick forschend und streng auf mir ruhen und fragte endlich: »Was ist dir denn? Was machst du für ein Gesicht? Mir scheint, du fürchtest dich. Du hast ein schlechtes Gewissen. Wer kein schlechtes Gewissen hat, fürchtet sich nicht.«

Nun war das Unglück fertig.

Nun musste ich ja überzeugt sein, dass ich ein ganz elendes Gewissen hatte, denn wahrhaftig, ich zitterte vor Angst.

Ach, es war danach! Alles war danach. Was lag auf dem großen, schwarzen Schreibtisch, auf dem Platze, den sonst die Wirtschaftsbücher einnahmen? Eine Fleißarbeit Papas. Bewunderungswürdig im Grunde. Viereckige Blättchen von gleicher Größe aus Kartenpapier. Man sah ihnen die Sorgfalt und militärische Pünktlichkeit an, mit der sie zugeschnitten und reihenweise in gleichen Abständen voneinander geordnet worden waren. Jedes einzelne von ihnen trug ein dick und deutlich ausgeführtes Zeichen. Ein gut gekanntes und gut gehasstes Zeichen – einen Buchstaben.

»Was ist das?«, fragte Papa und wies, nicht ohne Wohlgefallen, auf das kleine papierne Pikett vor ihm.

Ich meinte, es seien Buchstaben.

»Ja, ja, Buchstaben, natürlich. Aber das Ganze da – das Ganze!«

»Buchstaben … viele Buchstaben …« Bei den Buchstaben blieb ich. Wie die Familie heißt, wenn sie vollzählig versammelt ist, wusste ich nicht. Ich wusste überhaupt bald gar nichts mehr, nicht einmal ein A von einem I zu unterscheiden und auch nicht, ob ich lachen oder weinen sollte, als Papa ein geringschätziges: »I! A!« ausstieß.

Der einzelnen Vorgänge bei diesem denkwürdigen Examen kann ich mich nicht mehr erinnern. Nur einer großen Verwirrung, die in den Reihen der schnurgerade aufmarschierten Kärtchen eintrat, entsinne ich mich: sie wanden sich wie Schlangen, sie tanzten, bildeten Gruppen, stoben davon nach allen Richtungen. Und dabei deutete Papas Finger unbeweglich auf eine Stelle, die für mich abwechselnd von einem A, einem B, einem C besetzt war. Einen Buchstaben um den andern nannte ich, riet und riet und erriet nicht. Die Qual dauerte lang. Mein armer Papa, der Selbstbeherrschung doch so ungewohnt, nahm sich zusammen, wiederholte dieselbe Frage mehrmals, ohne die Stimme allzu sehr zu erheben. Die meine aber wird wohl zuletzt gar keinen Laut mehr gehabt haben. Ich vermochte trotz aller Anstrengung nicht, auch nur ein vernehmliches Wort über die Lippen zu bringen, und nahm in hilfloser Bestürzung das Urteil entgegen, dass ich – ein großes Mädel von fünf Jahren – mich mit Schande beladen habe. Der kurze Spruch Papas schloss mit dem Befehl: »Hinaus!«

Ich besorge sehr, ihn mit unanständiger Geschwindigkeit und ohne Abschiedsgruß erfüllt zu haben.

Noch hatte ich auf meinem Rückzug das Eingangszimmer nicht durcheilt, als Papa mir nachkam, die Tür vor mir öffnete, mich hinausschob und mit einem raschen Wurf das ganze Alphabet über mich ausstreute. Dann flog die Tür hinter ihm zu, und ich kauerte auf dem Boden, sammelte hastig die Kartenblättchen in meine Schürze und lief, so rasch ich konnte, davon.

Und nun muss ich sagen: Dieser Buchstabensprühregen, den mein Vater mir damals nachschickte, ist die einzige »Gewalttat« gewesen, die ich je durch ihn erfuhr. Seine Hand hat mich nie unsanft berührt, er hat seine Stimme nie laut gegen mich erhoben, dieser fürchterliche, liebe, gute Papa.

Hans Fallada

Penne

In der Schule, oder, wie wir sie nur nannten, in der Penne spielte ich zu jener Zeit eine höchst unselige Rolle. Ich ging auf das Prinz-Heinrich-Gymnasium in der Grunewaldstraße, und das war damals ein sehr feines Gymnasium, womit gesagt werden soll, dass dort in der Hauptsache die Söhne vom Offiziers- und Beamtenadel, auch von reichen Leuten die Schulbank drückten. … Ich blieb der Außenseiter. In den Pausen wollte keiner mit mir gehen, niemand mochte mein Freund sein. So geriet ich allmählich immer mehr in einen Zustand tiefster Niedergeschlagenheit, der meinen Leistungen im Unterricht nicht förderlich sein konnte. Und ich muss sagen, wir hatten, um das noch zu verschlimmern, damals einige Lehrer, die alles andere, nur keine Pädagogen waren. Jedem durchschnittlichen Beobachter hätte schließlich mein verschüchterter, elender Zustand auffallen müssen, doch nicht diesen Erziehern der Jugend.

Da war unser Deutschlehrer, ein noch jüngerer, mit sehr viel Schmissen gezierter Herr, der eine gewisse Vorliebe für mich hatte. Freilich äußerte er diese auf eine mir sehr peinliche Weise. Da ich zu den schlechtesten Schülern der Klasse gehörte, saß ich in der vordersten Bankreihe, direkt unter dem Lehrerpult. Herr Gräber, so hieß dieser Lehrer, verachtete es, oben auf dem Pult wie ein Gott über seinen Schülern zu thronen. Er begab sich mitten unter sie, wandelte die Gänge zwischen den Pulten auf und ab, stand aber am liebsten vor meinem Platz. Und während er nun von hier seine Knaben lebhaft und mit schallender Stimme unterrichtete, beschäftigten sich seine Hände pausenlos mit meiner Frisur …

Trotzdem ich damals schon elf oder zwölf Jahre alt war, trug ich noch immer mein Haar lang. Meine Mutter hatte sich trotz all meiner Bitten nicht entschließen können, mein fast weißes Blondhaar der Schere eines Friseurs auszuliefern. So fielen mir lange blonde Locken fast bis auf die Schultern, und in der Stirn hatte ich etwas, das offiziell »Ponnies« hieß, das meine böswilligen Mitschüler aber »Simpelfransen« nannten. Diese Ponnies oder Simpelfransen übten eine geheimnisvolle Anziehungskraft auf die Finger von Herrn Gräber aus. Die ganze Unterrichtsstunde hindurch waren seine Finger nur damit beschäftigt, aus den Fransen Zöpfchen zu drehen, kleine, sehr feste, steif von der Stirn abstehende Zöpfchen. Das hatte wohl den nicht zu unterschätzenden Vorteil, dass Herr Gräber mich nie nach etwas fragte. Für die Deutschstunde war ich stets aufgabenfrei und bekam doch eine gute Zensur. Aber wenn Herr Gräber mich dann beim Schluss der Unterrichtsstunde aufforderte, mich zu erheben, und meinen Anblick der Klasse darbot, wenn dann die unausbleibliche Lachsalve losbrach, so hätte ich lieber eine Fünf statt dieser Heiterkeit hingenommen.

Selbst in meinem damaligen Zustande tiefster Niedergeschlagenheit war ich mir klar darüber, dass dies alles von Seiten Herrn Gräbers ohne den geringsten bösen Willen geschah. Es war reine Spielerei von ihm, in die wohl auch ein Gutteil Nervosität gemengt war. Ihm bedeutete es nur Spaß, und er wäre sicher sehr erstaunt gewesen zu hören, dass ich diesen Spaß gar nicht sehr spaßhaft fand.

Wesentlich böser dachte ich über Professor Olearius, unsern Klassenlehrer, der uns in die Geheimnisse der lateinischen Sprache einführte. Das war ein langer, knochiger Mann, schwarzbärtig, mit einem hageren Gesicht und glühenden schwarzen Augen. Er war ein Altphilologe von reinstem Wasser. Für ihn hatte auf der Welt nur das Lateinische und Altgriechische Bedeutung, und den Schüler, der sich in diesen Sprachen untüchtig erwies, hasste er mit einem ausgesprochen persönlichen Hass, als habe der Schüler dem Lehrer eine schwere Beleidigung zugefügt. Er hatte eine verdammt höhnische Art, die schwächeren von uns aufzurufen und zu zwiebeln, die heute hoffentlich ausgestorben ist.

Da hieß es etwa: »Jetzt wollen wir mal unser Schwachköpfchen aufrufen. Zwar weiß es nichts und wird auch diesmal nichts wissen, aber er diene uns allen zum abschreckenden Beispiel.« Oder: »Der Fallada, der Fallada ist bloß zum Sitzenbleiben da!« Oder: »O Fallada, der du hangest! Wenn das dein Vater wüsste, das Schulgeld würde ihn reuen!«

Bei solchen ermunternden Aufrufen verflüchtete sich natürlich auch der letzte Rest meines Wissens, und ich stand wirklich da wie ein rechter Schwachkopf! Je mehr er auf diese höhnische Art fragte, umso tiefer versank ich im unergründlichen Sumpfe des Quatsches und muss ein wirklich klägliches Bild geboten haben. So konnte Professor Olearius mit einigem Recht sagen: »Seht ihn euch an! Was er hier eigentlich auf dem Gymnasium will, wird mir ewig rätselhaft bleiben!« Und mit allem dummstolzen Akademikerdünkel: »Die Pantinenschule wäre gerade das Rechte für ihn!«

Worauf ich prompt in Tränen ausbrach!

Überhaupt gewöhnte ich mir das Heulen bei Professor Olearius an. Es war das einzige Mittel, das ich entdeckte, seiner Anmaßung zu entgehen. Sobald er mich nur aufrief, fing ich an zu heulen. Ich machte überhaupt nicht mehr den Versuch, eine seiner Fragen zu beantworten. Er würde mich doch über kurz oder lang zum Heulen bringen, also heulte ich lieber gleich los. Dies kam so weit, dass die Klasse vor der Lateinstunde Wetten abschloss, ob ich heulen würde oder nicht. Ich wurde ermuntert, scharf gemacht: »Tu uns den einzigen Gefallen und heul heute einmal nicht! Mensch, nimm dich doch einmal zusammen!«

Aber ich konnte mir noch so viel Mühe geben, ich heulte doch. Als Steigerung meiner Qualen hatte sich Professor Olearius ausgedacht, mich aufs Lehrerpult an die schwarze Wandtafel zu rufen. Da ich vor Heulen nicht sprechen konnte, sollte ich meine Antworten auf die Tafel schreiben. Wenn dann dort, statt amavissem, amatus essem stand, klopfte er mit seinem harten Knöchel kräftig gegen meinen Schädel, wobei er den Spruch zitierte: »Denn wer da anklopfet, dem wird aufgetan!«

Dieses Klopfen, das er so lange wiederholte, bis die richtige Antwort an der Tafel stand, tat ausgesprochen weh. An diesem feinen Gymnasium war alles Schlagen der Schüler dem Lehrer aufs Strengste verboten – es ging das Gerücht von einem Professor, der einem Schüler eine Ohrfeige gehauen und ihm dabei mit dem Siegelring eine leichte Schramme versetzt hatte, dieser Lehrer sei sofort aus dem Schuldienst entlassen worden. Aber dieses neckische Klopfen von Professor Olearius konnte keinesfalls als körperliche Züchtigung gelten, obwohl es zweifelsohne eine war.

Einige Jahre später hat es der Zufall gefügt, dass ich mit Professor Olearius auf der Hinterplattform eines Straßenbahnwagens zusammentraf. Er erkannte mich sofort wieder, wie ich ihn sofort erkannte und sofort wieder den alten Hass gegen ihn im Herzen spürte. Damals ging ich längst auf ein anderes Gymnasium und war löblicher Obertertianer ...

Mit der alten dünkelhaften Überlegenheit wandte sich Professor Olearius, ohne die geringste Rücksicht auf die andern Fahrgäste, an mich und sprach: »Nun, du beklagenswerter Fallada? – An welcher Erziehungsanstalt bringst du jetzt unselige Lehrer ihrem Grabe näher?«

Aber ich war nicht mehr der verschüchterte Junge aus der Quinta oder Quarta. Ich hatte mittlerweile die Erfahrung gemacht, dass ich nicht dümmer war als andere und bestimmt klüger als dieser alte Pauker, für den die Welt aus lateinischen und griechischen Verben bestand. So antwortete ich ganz laut: »Ich kenne Sie nicht, und wenn ich Sie kennen würde, würde ich einen Menschen wie Sie niemals grüßen!«

Sprach's, sah ihn bleich werden bei dieser öffentlichen Kränkung und sprang ab von der Elektrischen, Jubel über meine doch recht schülerhafte Rache im Herzen.

Johann Wolfgang von Goethe

Aus meinem Leben. Dichtung und Wahrheit

Dass wir das Klavier lernen sollten, war ausgemacht; allein über die Wahl des Meisters war man immer streitig gewesen. Endlich komme ich einmal zufälligerweise in das Zimmer eines meiner Gesellen, der eben Klavierstunde nimmt, und finde den Lehrer als einen ganz allerliebsten Mann. Für jeden Finger der rechten und linken Hand hat er einen Spitznamen, womit er ihn aufs Lustigste bezeichnet, wenn er gebraucht werden soll. Die schwarzen und weißen Tasten werden gleichfalls bildlich benannt, ja die Töne selbst erscheinen unter figürlichen Namen. Eine solche bunte Gesellschaft arbeitet nun ganz vergnüglich durcheinander. Applikator und Takt scheinen ganz leicht und anschaulich zu werden, und indem der Schüler zu dem besten Humor aufgeregt wird, geht auch alles zum Schönsten vonstatten.

Kaum war ich nach Hause gekommen, als ich den Eltern anlag, nunmehr Ernst zu machen und uns diesen unvergleichlichen Mann zum Klaviermeister zu geben. Man nahm noch einigen Anstand, man erkundigte sich; man hörte zwar nichts Übles von dem Lehrer, aber auch nichts sonderlich Gutes. Ich hatte indessen meiner Schwester alle die lustigen Benennungen erzählt, wir konnten den Unterricht kaum erwarten und setzten es durch, dass der Mann angenommen wurde.

Das Notenlesen ging zuerst an, und als dabei kein Spaß vorkommen wollte, trösteten wir uns mit der Hoffnung, dass, wenn es erst ans Klavier gehen würde, wenn es an die Finger käme, das scherzhafte Wesen seinen Anfang nehmen würde. Allein weder Tastatur noch Fingersetzung schien zu einigem Gleichnis Gelegenheit zu geben. So trocken wie die Noten mit ihren Strichen auf und zwischen den fünf Linien blieben auch die schwarzen und weißen Claves, und weder von einem Däumerling noch Deuterling noch Goldfinger war mehr eine Silbe zu hören; und das Gesicht verzog der Mann so wenig beim trocknen Unterricht, als er es vorher beim trocknen Spaß verzogen hatte. Meine Schwester machte mir die bittersten Vorwürfe, dass ich sie getäuscht habe, und glaubte wirklich, es sei nur Erfindung von mir gewesen. Ich war aber selbst betäubt und lernte wenig, ob der Mann gleich ordentlich genug zu Werke ging: denn ich wartete immer noch, die frühern Späße sollten zum Vorschein kommen, und vertröstete meine Schwester von einem Tage zum andern. Aber sie blieben aus, und ich hätte mir dieses Rätsel niemals erklären können, wenn es mir nicht gleichfalls ein Zufall aufgelöst hätte.

Einer meiner Gespielen trat herein, mitten in der Stunde, und auf einmal eröffneten sich die sämtlichen Röhren des humoristischen Springbrunnens; die Däumerlinge und Deuterlinge, die Krabler und Zabler, wie er die Finger zu bezeichnen pflegte, die Fakchen und Gakchen, wie er z.B. die Noten f und g, die Fiekchen und Giekchen, wie er fis und gis benannte, waren auf einmal wieder vorhanden und machten die wundersamsten Männerchen. Mein junger Freund kam nicht aus dem Lachen und freute sich, dass man auf eine so lustige Weise so viel lernen könne. Er schwur, dass er seinen Eltern keine Ruhe lassen würde, bis sie ihm einen solchen vortrefflichen Mann zum Lehrer gegeben.

Und so war mir, nach den Grundsätzen einer neuern Erziehungslehre, der Weg zu zwei Künsten früh genug eröffnet, bloß auf gut Glück, ohne Überzeugung, dass ein angebornes Talent mich darin weiter fördern könne. Zeichnen müsse jedermann lernen, behauptete mein Vater und verehrte deshalb besonders Kaiser Maximilian, welcher dieses ausdrücklich solle befohlen haben. Auch hielt er mich ernstlicher dazu an als zur Musik, welche er dagegen meiner Schwester vorzüglich empfahl, ja dieselbe außer ihren Lehrstunden eine ziemliche Zeit des Tages am Klaviere festhielt.

Je mehr ich aber auf diese Weise zu treiben veranlasst wurde, desto mehr wollte ich treiben, und selbst die Freistunden wurden zu allerlei wunderlichen Beschäftigungen verwendet. Schon seit meinen frühsten Zeiten fühlte ich einen Untersuchungstrieb gegen natürliche Dinge. Man legt es manchmal als eine Anlage zur Grausamkeit aus, dass Kinder solche Gegenstände, mit denen sie eine Zeitlang gespielt, die sie bald so, bald so gehandhabt, endlich zerstücken, zerreißen und zerfetzen. Doch pflegt sich auch die Neugierde, das Verlangen, zu erfahren, wie solche Dinge zusammenhängen, wie sie inwendig aussehen, auf diese Weise an den Tag zu legen. Ich erinnere mich, dass ich als Kind Blumen zerpflückt, um zu sehen, wie die Blätter in den Kelch, oder auch Vögel berupft, um zu beobachten, wie die Federn in die Flügel eingefügt waren. Ist doch Kindern dieses nicht zu verdenken, da ja selbst Naturforscher öfter durch Trennen und Sondern als durch Vereinigen und Verknüpfen, mehr durch Töten als durch Beleben sich zu unterrichten glauben. …

Das Misstrauen gegen den öffentlichen Unterricht vermehrte sich von Tage zu Tage. Man sah sich nach Hauslehrern um, und weil einzelne Familien den Aufwand nicht bestreiten konnten, so traten mehrere zusammen, um eine solche Absicht zu erreichen. Allein die Kinder vertrugen sich selten; der junge Mann hatte nicht Autorität genug, und nach oft wiederholtem Verdruss gab es nur gehässige Trennungen. Kein Wunder daher, dass man auf andere Anstalten dachte, welche sowohl beständiger als vorteilhafter sein sollten.

Auf den Gedanken, Pensionen zu errichten, war man durch die Notwendigkeit gekommen, welche jedermann empfand, dass die französische Sprache lebendig gelehrt und überliefert werden müsse. Mein Vater hatte einen jungen Menschen erzogen, der bei ihm Bedienter, Kammerdiener, Sekretär, genug, nach und nach alles in allem gewesen war. Dieser, namens Pfeil, sprach gut Französisch und verstand es gründlich. Nachdem er sich verheiratet hatte und seine Gönner für ihn auf einen Zustand denken mussten, so fielen sie auf den Gedanken, ihn eine Pension errichten zu lassen, die sich nach und nach zu einer kleinen Schulanstalt erweiterte, in der man alles Notwendige, ja zuletzt sogar Lateinisch und Griechisch lehrte. Die weitverbreiteten Konnexionen von Frankfurt gaben Gelegenheit, dass junge Franzosen und Engländer, um Deutsch zu lernen und sonst sich auszubilden, dieser Anstalt anvertraut wurden. Pfeil, der ein Mann in seinen besten Jahren, von der wundersamsten Energie und Tätigkeit war, stand dem Ganzen sehr lobenswürdig vor, und weil er nie genug beschäftigt sein konnte, so warf er sich bei Gelegenheit, da er seinen Schülern Musikmeister halten musste, selbst in die Musik und betrieb das Klavierspielen mit solchem Eifer, dass er, der niemals vorher eine Taste angerührt hatte, sehr bald recht fertig und brav spielte.

Er schien die Maxime meines Vaters angenommen zu haben, dass junge Leute nichts mehr aufmuntern und anregen könne, als wenn man selbst schon in gewissen Jahren sich wieder zum Schüler erklärte und in einem Alter, worin man sehr schwer neue Fertigkeiten erlangt, dennoch durch Eifer und Anhaltsamkeit Jüngern, von der Natur mehr Begünstigten den Rang abzulaufen suche.

Durch diese Neigung zum Klavierspielen ward Pfeil auf die Instrumente selbst geführt, und indem er sich die besten zu verschaffen hoffte, kam er in Verhältnisse mit Friederici in Gera, dessen Instrumente weit und breit berühmt waren. Er nahm eine Anzahl davon in Kommission und hatte nun die Freude, nicht nur etwa *einen* Flügel, sondern mehrere in seiner Wohnung aufgestellt zu sehen, sich darauf zu üben und hören zu lassen.

Auch in unser Haus brachte die Lebendigkeit dieses Mannes einen größern Musikbetrieb. Mein Vater blieb mit ihm, bis auf die strittigen Punkte, in einem dauernden guten Verhältnisse. Auch für uns ward ein großer Friedericischer Flügel angeschafft, den ich, bei meinem Klavier verweilend, wenig berührte, der aber meiner Schwester zu desto größerer Qual gedieh, weil sie, um das neue Instrument gehörig zu ehren, täglich noch einige Zeit mehr auf ihre Übungen zu wenden hatte; wobei mein Vater als Aufseher, Pfeil aber als Musterbild und antreibender Hausfreund abwechselnd zur Seite standen. …

Wir waren nun herangewachsen, und dem Schlendriane nach sollten wir auch neben andern Dingen fechten und reiten lernen, um uns gelegentlich unserer Haut zu wehren und zu Pferde kein schülerhaftes Ansehn zu haben. Was den ersten Punkt betrifft, so war uns eine solche Übung sehr angenehm: denn wir hatten uns schon längst Hau-Rapiere von Haselstöcken, mit Körben von Weiden sauber geflochten, um die Hand zu schützen, zu verschaffen gewusst. Nun durften wir uns wirklich stählerne Klingen zulegen, und das Gerassel, was wir damit machten, war sehr lebhaft.

Zwei Fechtmeister befanden sich in der Stadt: ein älterer ernster Deutscher, der auf die strenge und tüchtige Weise zu Werke ging, und ein Franzose, der seinen Vorteil durch Avancieren und Retirieren, durch leichte flüchtige Stöße, welche stets mit einigen Ausrufungen begleitet waren, zu erreichen suchte. Die Meinungen, welche Art die beste sei, waren geteilt. Der kleinen Gesellschaft, mit welcher ich Stunde nehmen sollte, gab man den Franzosen, und wir gewöhnten uns bald, vorwärts und rückwärts zu gehen, auszufallen und uns zurückzuziehen und dabei immer in die herkömmlichen Schreilaute auszubrechen. Mehrere von unsern Bekannten aber hatten sich zu dem deutschen Fechtmeister gewendet und übten gerade das Gegenteil. Diese verschiedenen Arten, eine so wichtige Übung zu behandeln, die Überzeugung eines jeden, dass sein Meister der bessere sei, brachte wirklich eine Spaltung unter die jungen Leute, die ungefähr von *einem* Alter waren, und es fehlte wenig, so hätten die Fechtschulen ganz ernstliche Gefechte veranlasst. Denn fast ward ebenso sehr mit Worten gestritten als mit der Klinge gefochten, und um zuletzt der Sache ein Ende zu machen, ward ein Wettkampf zwischen beiden Meistern veranstaltet, dessen Erfolg ich nicht umständlich zu beschreiben brauche. Der Deutsche stand in seiner Positur wie eine Mauer, passte auf seinen Vorteil und wusste mit Battieren und Ligieren seinen Gegner ein über das andre Mal zu entwaffnen. Dieser behauptete, das sei nicht Raison, und fuhr mit seiner Beweglichkeit fort, den andern in Atem zu setzen. Auch brachte er dem Deutschen wohl einige Stöße bei, die ihn aber selbst, wenn es Ernst gewesen wäre, in die andre Welt geschickt hätten.

Im Ganzen ward nichts entschieden noch gebessert, nur wendeten sich einige zu dem Landsmann, worunter ich auch gehörte. Allein ich hatte schon zu viel von dem ersten Meister angenommen, daher eine ziemliche Zeit darüber hinging, bis der neue mir es wieder abgewöhnen konnte, der überhaupt mit uns Renegaten weniger als mit seinen Urschülern zufrieden war.

Mit dem Reiten ging es mir noch schlimmer. Zufälligerweise schickte man mich im Herbst auf die Bahn, sodass ich in der kühlen und feuchten Jahreszeit meinen Anfang machte. Die pedantische Behandlung dieser schönen Kunst war mir höchlich zuwider. Zum ersten und letzten war immer vom Schließen die Rede, und es konnte einem doch niemand sagen, worin denn eigentlich der Schluss bestehe, worauf doch alles ankommen solle: denn man fuhr ohne Steigbügel auf dem Pferde hin und her. Übrigens schien der Unterricht nur auf Prellerei und Beschämung der Scholaren angelegt. Vergaß man die Kinnkette ein- oder auszuhängen, ließ man die Gerte fallen oder wohl gar den Hut, jedes Versäumnis, jedes Unglück musste mit Geld gebüßt werden, und man ward noch obenein ausgelacht. Dies gab mir den allerschlimmsten Humor, besonders da ich den Übungsort selbst ganz unerträglich fand. Der garstige, große, entweder feuchte oder staubige Raum, die Kälte, der Modergeruch, alles zusammen war mir im höchsten Grade zuwider; und da der Stallmeister den andern, weil sie ihn vielleicht durch Frühstücke und sonstige Gaben, vielleicht auch durch ihre Geschicklichkeit bestachen, immer die besten Pferde, mir aber die schlechtesten zu reiten gab, mich auch wohl warten ließ und mich, wie es schien, hintansetzte, so brachte ich die allerverdrießlichsten Stunden über einem Geschäft hin, das eigentlich das lustigste von der Welt sein sollte. Ja der Eindruck von jener Zeit, von jenen Zuständen ist mir so lebhaft geblieben, dass, ob ich gleich nachher leidenschaftlich und verwegen zu reiten gewohnt war, auch tage- und wochenlang kaum vom Pferde kam, dass ich bedeckte Reitbahnen sorgfältig vermied und höchstens nur wenig Augenblicke darin verweilte. Es kommt übrigens der Fall oft genug vor, dass, wenn die Anfänge einer abgeschlossenen Kunst uns überliefert werden sollen, dieses auf eine peinliche und abschreckende Art geschieht. Die Überzeugung, wie lästig und schädlich dieses sei, hat in spätern Zeiten die Erziehungsmaxime aufgestellt, dass alles der Jugend auf eine leichte, lustige und bequeme Art beigebracht werden müsse; woraus denn aber auch wieder andere Übel und Nachteile entsprungen sind.

Joachim Ringelnatz

Gymnasium

Ich kam auf das Königliche Staatsgymnasium, wo mein Bruder bereits eine höhere Klasse besuchte. Nicht lange hielt die Freude über eine grüne Mütze mit silberner Litze an. Das große, ernste Schulgebäude und der finstere Rektor im zerknitterten Frack flößten mir gleicherweise Schrecken ein. Nun brach das grausige Latein über mich herein; und andere Fächer, vorgetragen, eingepaukt und abgefragt von respektfordernden Dunkelmenschen, vor denen mein Herz sich von Anfang an verschloss. Der einzige interessante Mann schien mir der Turnlehrer Dr. Gasch. Weil er eine Nase aus Hühnerfleisch hatte, von einem Duell her.

Unter den Mitschülern lernte ich gute und lustige Kameraden kennen, mit denen ich Fußball spielte, Tauschgeschäfte betrieb oder gegen die Zöglinge des Thomasgymnasiums zu Felde zog.

Damals trug ich lange blonde Locken. Da ich mit einem dunklen Sammetanzug und weißem Spitzenkragen bekleidet war, sah ich wohl recht nett aus. Aber wegen der langen Haare wurde ich oft gehänselt. Man zog mich im Scherz und im Ernst daran. Schließlich legten die Lehrer meinen Eltern nahe, mir diese auffallende und unmännliche Schönheit kürzen zu lassen, was denn auch zu meiner Befriedigung geschah.

Ach, das Lernen fiel so schwer. Draußen gab es Schlittschuhbahnen und im Sommer eine moderne, freie Schwimmanstalt. Dort konnte man von hohen und höheren Sprungbrettern, sogar von einer Schaukel abspringen. Oder man ließ sich auf dem heißen Asphalt von der Sonne bräunen. Wenn man dazu sich ein Blatt auf die Brust legte und es stundenlang in Geduld ertrug, dann hatte man hinterher auf der dunklen Haut ein helles Muster. Herr Wallwitz, mein Schwimmlehrer, packte mich rau und norddeutsch an. Er stieß mich, wenn ich nicht springen wollte, ohne weiteres ins Wasser. Und ließ mein Mut nach, so gab er die Leine locker, dass ich tüchtig Wasser schluckte und spuckte und verwirrte mich nachher noch durch seinen kühlen, treffsicheren Spott.

Dem Restaurateur der Schwimmanstalt durfte ich an Hochbetriebstagen beim Verkaufen von Würstchen helfen. Dabei entwendete ich einmal Kleingeld aus der Kasse. Das wurde nie entdeckt und betraf auch nur eine Wenigkeit. Aber mein Gewissen blieb lange davon bedrückt.

Ich schaute einer Feuersbrunst zu. Mehrere Lagerschuppen brannten lichterloh. Ursache war: Das Stroh von Eierkisten hatte sich entzündet.

Die Menschenmenge, in der ich stand, war nur durch ein schmales Flüsschen von dem Brandherd getrennt. Wir sahen, wie drüben Arbeiter die Gelegenheit benutzten, um sich Eier beiseite zu schaffen. Als ihnen das nicht mehr möglich war, fingen sie an, die rohen Eier über das Flüsschen auf uns Neugierige zu werfen. Jeder Treffer gab selbstverständlich großes Hallo. Aber wir blieben alle tapfer stehen. Wen's trifft, den trifft's. Es war wie in einer Schlacht.

Ich schrieb eine kleine Humoreske in sächsischem Dialekt, »Änne Heringsgeschichte«. Vermutlich überfeilte mein Vater die Sache noch etwas. Die »Fliegenden Blätter« oder die »Meggendorfer Blätter« druckten das Dichtwerk und zahlten zwanzig Mark dafür.

Das war meine erste Publikation und war mein erstes Honorar.

Die Stunden im Gymnasium vergingen so unsagbar freudlos, langsam. Trotzdem ich eine Fülle von Unter-der-Bank-Spielen ersann und hinter dem Rücken des Vordermanns stets eine Sonderbeschäftigung oder Privatlektüre hatte. Mein liebstes Buch war »Der Waldläufer«.

Ich stibitzte meinem Nachbarn das Frühstücksbrot, eine Klappstulle. Zwischen die beiden Brothälften legte ich Papier, das ich dann, so weit es überragte, abschnitt. Worauf ich das Brot zurücklegte, um mich in der Pause zu amüsieren, wenn jener Junge sich während des Kauens Papierstücke aus dem Munde zog.

Keines der Lehrfächer regte mich an. Ich war in allen schlecht. Sogar im deutschen Aufsatz, für den ich durch meinen schriftstellernden Vater mehr mitbekommen hatte als die andern Knaben. Im Zeichnen versagte ich völlig. Ich brachte es nicht fertig, ein einigermaßen sauberes Quadrat zu zeichnen. Fortan durfte ich die allgemeinen Zeichenübungen nicht mehr mitmachen, sondern musste mich während des Unterrichts unbeteiligt auf eine Sonderbank setzen, wo es mir überlassen blieb, einen hässlichen Gipsdackel abzuzeichnen. Hundert Mal habe ich ihn gezeichnet. Er wurde immer unkenntlicher.

Auch der Gesangslehrer wusste nichts mit mir anzufangen. Denn ich hatte mir an dem Tage des Taucha'schen Jahrmarktes als halbnackter Gassensioux den Kehlkopf ein für alle Mal kaputt geschrien. – Es kam vor, dass Schüler aus den elterlichen Gärten Sträuße mitbrachten und einem Lehrer überreichten. Um meinen Musikdirektor zu versöhnen, brachte ich auch ihm einmal ein Bukett mit, das ich unterwegs eilig in den städtischen Anlagen gepflückt hatte. Da es aber nach der weit herbstlichen Jahreszeit nur aus blütenlosen Strauchzweigen und kahlen Kräutern bestand, warf es der Lehrer aus dem Fenster, verprügelte mich noch einmal, und von da an war ich vom Gesangunterricht dispensiert, bekam allerdings durch ein Versehen in den Jahreszeugnissen immer eine 1 in diesem Fach.

Auf dem Fleischerplatz standen zur Zeit der Messe aufregende Schaubuden. Hinter einem Gitter sah man einen Gefangenen in Ketten, der unermüdlich eine Tretmühle bewegte. Unter einem zähnefletschenden Bären hob und senkte sich der zerfleischte Busen einer Frau. Eine Portion Eis mit Pappteller und Blechlöffel kostete fünf Pfennige. Türkischer Honig war noch preiswerter. Auf dem Karussell galt es, im Vorbeifahren nach einem vorgehaltenen Ring zu haschen, der eine Freifahrt garantierte.

In der Schule war's trostlos. Schönschrift und Orthografie brachten mich zur Verzweiflung. Kein Lehrer mochte mich leiden. Meine Hefte waren schmierig. Glaubte ich mich unbeobachtet, so trieb ich Allotria. In den Pausen war ich nicht zu bändigen. Ich wurde verpetzt oder erwischt und immer wieder bestraft. Strafarbeiten, Nachsitzen, Arrest, schließlich Karzer. – Immer neue Lügen erfand ich, um den Eltern das zu verbergen und mein verspätetes Heimkommen zu rechtfertigen. Aber direkte Briefe oder persönliche Rücksprachen brachten alles an den Tag, und die halbjährlichen Zensuren klagten in einer düsteren Sprache.

»– – Leider mussten wir sogar einem der Schüler im Betragen eine Fünf erteilen –«, sagte der Rektor in seiner feierlichen Aktusrede zu Ostern. Ich hatte der Rede nicht zugehört, aber als der Rex an jene Bemerkung meinen Namen knüpfte und in der Totenstille der Aula sich auf einmal ein paar hundert Menschen nach mir umsahen, versteckte ich schnell und verlegen etwas, worin ich gelesen hatte. Die Fünf im Betragen konnte auf irgendein ehrenrühriges Vergehen deuten. Man beglaubigte mir, dass zwar so etwas nicht vorläge, dass aber die Unsumme von kleinen Untaten und – – –

Mich drückte immer ein schlechtes Gewissen, wenn ich zur Schule ging oder von der Schule kam. An einem Wintermittag hatte ich mit anderen Schülern eine Strafstunde absolviert und verließ das Gymnasium. Neben mir lief mein auch betroffener Freund Martin Fischer die Treppe hinab. Vor der Schule war der schmutzige Schnee zu hohen Haufen zusammengeschaufelt. Fischer und ich schwiegen, uns war nicht wohl zumut. Aber unverabredet stürzten wir uns, unten angelangt, beide gleichzeitig mit dem Kopf voran in einen Schneehaufen. Als wir mit Schnee und Dreck bedeckt wieder auftauchten, ergab sich eine lustige Erklärung. Unabhängig voneinander waren wir beide auf denselben Gedanken verfallen: zu Hause lieber sagen »Schneeballschlacht« als »Nachsitzen müssen«.

Meine Eltern hatten inzwischen die Wohnung an der Alten Elster aufgegeben und hübsche Parterreräume in der Poniatowskistraße gemietet. Eine Glasveranda gehörte dazu und ein Garten mit einem Springbrunnen.

Ein Springbrunnen war immer schön, bleibt immer schön, für Kinder in der Stadt eine unerschöpfliche Quelle der Unterhaltung. Zwei hohe Kastanien standen im Garten. Die eine musste abgesägt werden, weil sie zu viel Licht wegnahm. Es war ein aufregendes

Schauspiel, als sie stürzte und dabei mit den äußersten Ausläufern ihrer Krone unsere Fenster streifte. – In den Türrahmen der Gartenlaube hängten wir eine Hängematte als Schaukel auf. Ich verhakte mich mit den Zähnen darin, als ich meiner Schwester im Haschen nachlief. Meine Vorderzähne standen nach oben. Aber der Zahnarzt renkte das schnell wieder ein. Ich war ja so jung. – Einen schattigen, armseligen Winkel neben der Verandatreppe überließ man mir auf meine Bitte als Privatbeet. Selbst der Efeu gedieh dort nur spärlich, und trotz aller Mühe brachte ich nicht mehr als eine Kartoffel zum Keimen. – Auch meine tiefen Grabungen dort nach verborgenen Schätzen und Altertümern blieben ohne Erfolg. Es war ein geheimnisvoll lockender Trieb in mir, etwas zu entdecken, etwas zu erfinden, etwas zu finden.

Mitunter fand ich auch etwas, ein Goldkettchen, andermal einen Spazierstock. Einmal sogar einen zusammengerollten Teppich. Der war aber so groß und schwer, dass ich ihn nur mit Hilfe von zwei Kameraden keuchend nach Hause brachte. Und dann setzte Mutter zu meiner höchsten und ehrlichen Entrüstung durch, dass wir dieses wertvolle Stück wieder nach dem Hofdurchgang zurückschleppten, wo ich es gefunden hatte.

Bei meinen alchimistischen Versuchen brachte ich elektrischen Strom aus Wolfgangs Trockenbatterie und angerußte Glasscherben mit Urin in Verbindung. Das Resultat war: kleine aufsteigende Bläschen. Und im Übrigen wie immer Flecken und Schaden an Kleidern und Möbeln.

Auf der anderen Seite unseres Hauses führte ein Weg zu dem Fluss Elster. Dort war der Anlegeplatz für einen, nein, für den einzigen Vergnügungsdampfer von Leipzig. Und zwar an der Stelle, wo Marschall Poniatowski 1813 ertrank. Der Dampfer war immerhin so groß, dass er in dem schmalen Fluss nie wenden, sondern nur vor- und rückwärts fahren konnte. Auf diesem Dampfer mitzureisen, war mir höchste Wonne. Ich kannte bald das Schiffspersonal und fühlte mich sehr seemännisch, wenn ich an Sonntagen den einsteigenden Fahrgästen die Billetts abnehmen oder zur Abfahrt die Glocke schlagen durfte.

All das war so viel ergötzlicher als Schularbeiten. Ich bestand das erste Examen im Gymnasium nicht, musste deshalb Sexta noch ein zweites Jahr durchmachen. Mein Vater ermahnte mich, erteilte mir Vorwürfe, redete, wie man so sagt, »einmal vernünftig« mit mir, drohte. Half alles nichts. Ich war in diesen Angelegenheiten so scheu geworden, dass ich nur noch auf den Ton, nicht auf den Sinn der Worte hörte.

Bei festlichen Gelegenheiten führten meine Eltern den Gästen ein sehr seltenes Schaustück vor, das Vater einmal aus Paris mitgebracht hatte. Es war ein, mich deucht, nahezu lebensgroßer Pfau aus Metall, aber mit richtigem Pfauengefieder. Der wurde auf den Tisch gestellt und begann dann, wenn sein Uhrwerk aufgezogen war, sich anmutig zu bewegen. Nicht etwa gleichmäßig. O nein! Er trippelte ein paar Schritte vorwärts, blieb stehen, wendete sich plötzlich oder trat zurück, und auf einmal schlug er ein Rad. Über dieses kostbare Kunstwerk waren die Motten gekommen und hatten die Federn zerstört. Da eine Reparaturwerkstätte dafür in Leipzig nicht zu finden war, wurde der metallene Balg irgendwo verwahrt, wo ich ihn aufstöberte und entführte. Stundenlang lag ich in den nächsten Tagen unter meinem Bett und ging dort in der Verborgenheit mit einem Stemmeisen dem Vogel zu

Leibe. Bis ich die zauberhafte Mechanik seines Inneren in Zahnräder, Rädchen, Spiralen, Achsen und Splitter zertrennt hatte. Mir ist, als wären Wolfgang und Ottilie dabei beteiligt gewesen, aber jedenfalls wurde ich von Mutter mit Recht als Hauptschuldiger dem Vater zugeführt. Es war das einzige Mal, dass mich mein Vater schlug. Sonst – zum Beispiel, als er dahinterkam, dass ich teure Lexika meines Bruders heimlich beim Antiquar verkauft und das Geld verjubelt hatte – war sein Verhalten ein anderes, obwohl von mir weit mehr gefürchtet. Ich wurde dann in sein Zimmer gerufen, wo er am Schreibtisch saß. Er begann mit strengen, sachlichen Worten, die, je zerknirschter sie mich machten, immer weicher wurden. Bis ich in Tränen ausbrach, worauf mein Vater seinen Klemmer verlor, meinen Kopf an seine stachlige Backe zog und sich selber Tränen aus den Augen wischte. Mit irgendeiner versöhnlichen und gütigen Betrachtung oder Ermahnung entließ er mich dann. – Wir Kinder liebten »Väterchen« über die Maßen. Ich konnte mir damals nicht vorstellen, dass ich einmal seinen Tod überwinden würde.

Wie kam ich nur dazu und warum konnte es niemand verhindern, dass ich in der Schule wie daheim so gar nicht gut tat, immer wieder auf Verbotenes aus war, alberne, eitle Streiche und sogar Rohheiten beging? Wie war es möglich, dass ich zum Beispiel längere Zeit hindurch Tiere quälte? Nicht nur, wie die meisten Kinder tun, Maikäfer, Schmetterlinge in unzulängliche Gehäuse einsperrte und sie in plumper Behandlung lädierte oder fallen ließ. Ich riss Fliegen die Flügel aus. Entsetzlich grausam behandelte ich einen Kolbenkäfer aus dem Aquarium meines älteren und verständigeren Bruders. Ich legte den Käfer rücklings auf den äußeren Fenstersims und begoss ihn mit Schwefelsäure, von deren schrecklicher Wirkung ich unterrichtet war. Nie werde ich den Anblick vergessen, wie das Insekt vor Schmerz hochschnellte und vom Sims herab auf die Straße fiel. Aber auch damals schon überkam mich ein Grausen.

Es war keine Spur von sadistischen Gelüsten in mir. Aber warum quälte ich Tiere? Aus Wissbegierde? Ich spießte Libellen und Schmetterlinge auf, um eine Sammlung anzulegen, wie Onkel Wolfram das mustergültig tat. Aber ich handhabte diesen Sport mit unzureichenden Kenntnissen und Mitteln. Ich wollte Tiere konservieren, setzte eine kleine lebende Schleie in Spiritus, Brennspiritus, der sie rasch betäubte. Aber nachts ließ mir's keine Ruhe. Ich stand auf, entzündete ein Streichholz und beleuchtete das Einmachglas. Wie tief erschrak ich, als die Schleie plötzlich anfing, lebhaft mit dem Schwanz zu schlagen.

Ganz offensichtliche Gewinnsucht war es, wenn ich im Zoologischen Garten den Strauß oben fütterte und ihm unten gleichzeitig Federn ausrupfte. Oder wenn ich vergeblich das Stachelschwein heranzulocken suchte, um ihm einen Stachel auszureißen, aus dem ich mir einen Federhalter machen wollte. – Als ich einmal das Kamel, da es dicht am Gitter stand, in den Wanst zwickte, machte das Tier – wie um mir eine Lehre zu erteilen – eine geringe Bewegung, durch die mein Zeigefinger zwischen Gitterstab und Kamelbauch eingeklemmt wurde. Noch nicht schmerzhaft, aber immerhin so, dass ich eine Minute lang bedenklich gefangen war.

Die Ferien hatten uns in die Sommerfrische gebracht. Und ich zählte zehn Jahre, als mein Vater mich und meine älteren Geschwister in Frauenprießnitz in Thüringen taufen ließ. Bei dieser

Zeremonie gebrauchte der Pastor eine Art Sahnenkännchen. Über dieses Kännchen und über den ungewöhnlich tief herabhängenden Hosenboden des Küsters brach ich in ein nicht zu unterdrückendes Lachen aus.

Ferien! Das Wort klang wie Freiheit. Vater nahm uns dann meist nach Thüringen mit. Durch dieses, sein engeres Heimatland führte er uns in herrlichen Wanderungen. Er wusste dabei ebenso lustig wie spannend zu erzählen, und er kannte die Gegend und ihre Geschichte genau. Auch durften wir uns genügend allein umhertummeln, Wolfgang Steine sammelnd, ich Insekten, Schlangen und Eidechsen fangend, Ottilie Blumen und Beeren pflückend.

Das einzige Verlockende am Königlichen Staatsgymnasium waren Senfgurken, die der Pedell selber einlegte, und davon er uns gegen geringe Bezahlung verkaufte. Sie zergingen auf der Zunge wie Butter und schmeckten ungleich köstlicher als die gewohnten Mahlzeiten daheim. Obwohl Mutter, wie gesagt, sehr gut kochte. Mit Liebe kochte! Hatten wir Gäste zu Hause, so bekam sie in der Küche vor Eifer und Aufregung eine purpurrote Glanznase.

Wir Kinder mussten das essen, was die Eltern wählten, und mussten im Allgemeinen aufessen, was uns aufgelegt war. Wir hatten Lieblingsgerichte, die uns zum Geburtstag beschert wurden. Auf meinem Weihnachtswunschzettel stand einmal »Ich wünsche mir eine lederne Hose und ein Stück Butter«. Ich meinte eine Reithose. Die Butter, ein ganzes Pfund, erhielt ich, durfte sie aber nicht, wie ich das erträumt hatte, auf einmal aufessen.

Ich verabscheute Linsen. Einst hatte ich nachsitzen müssen und kam um eine Stunde zu spät heim. Nun sollte ich nachessen, und es gab Linsen. Da ich indessen allein im Zimmer war, verteilte ich das Gericht nach allen Seiten. Ein paar Löffel ins Ofenloch, ein paar Löffel hinters Büfett, ein paar zwischen die Sofapolster, und so fort. Auch die tiefen Schnitzereien an unserem eichenen Esstisch boten Verstecke, um mittags unbeliebte Bissen via Serviette verschwinden zu lassen. Bob, der Dackel, war in dieser Beziehung auch stets auf unserer Seite.

Wir naschten selbstverständlich gern Süßigkeiten. Zu Ostern schenkte mir der reiche Onkel Karl einen Gigerlstock aus massiver Schokolade. Donnerwetter! – Kostbare Geschenke erhielten wir sonst nur von dem fernen Onkel Martin, der als Kapitän ein Schiff an der chinesischen Küste führte. – Freigebig waren unsere Eltern beide, und wir wurden es ebenfalls.

Ich wurde auch in der Quinta nicht versetzt, sondern musste ein neues Jahr dort bleiben. Das hatte den einzigen Vorzug, dass ich von den neuen Klassengenossen zunächst als Älterer respektiert wurde. – Meine Zeugnisse verschlechterten sich.

Unter Führung des Lehrers unternahm unsere Klasse einen Tagesausflug nach Schkeuditz. In einem Gartenrestaurant kehrten wir ein. Dort stand ein Automat, der eine Henne darstellte, die für zehn Pfennige ein mit Bonbons gefülltes Ei legte. Ein Konpennäler von mir kam auf einen geschickten Betrug. Wenn man nämlich, nachdem der Groschen in den Schlitz gefallen war, hinten in die Henne griff und auf einen gewissen Schnapper drückte, dann konnte man noch gratis weitere Eier erlangen. Mehrere von uns Jungens hatten sich bereits derart bereichert, als ich erst von dem Trick erfuhr. Das wollte ich auch versuchen. Ich warf ein Groschenstück ein, drückte hinten auf den Schnapper. Weil aber ein anderer Schüler in diesem Moment an der Kurbel drehte, wurde mein Finger eingeklemmt, und ich war mit der Hand im Popo der Henne gefangen. Der Wirt musste gerufen werden.

»Haben wir den Dieb endlich!«, sagte er und versetzte mir eine Ohrfeige. »Wieviel Eier hast du denn schon herausgeholt?«

»Noch keins – ich wollte nur –«

Er gab mir Wehrlosem wieder eine Ohrfeige. »Wieviel?«

»Eins«, log ich, um nur loszukommen.

(Bums Ohrfeige.) »Wieviel?«

»Zwei.«

(Bums Ohrfeige.) »Wieviel?«

»Noch keins!«, rief ich aufheulend. Darauf befreite mich der Wirt aus meiner Lage.

Eine gute Freundschaft verband mich mit dem Sohn des Universitätsrektors Sievers. Er konnte genau so ein gellendes Kriegsgeheul ausstoßen wie ich. Außerdem musste ich ihm auf dem Schulweg spannende Geschichten erzählen, die ich immer improvisiert verlängerte, um Sievers recht lange zum Begleiter zu haben. Mein liebster Freund wurde Martin Fischer. Er hatte keinen Vater mehr. Seine Mutter war eine sarkastische Frau, die mich manchmal verspottete wegen meiner unmodischen Kleidung oder meiner krummen Beine. Fischer spielte hingegeben Geige. Mit ihm kam ich auch zum ersten Mal in Gespräche über Erotik. Er hatte eine auffallend hübsche Schwester. Ich lobte sie und ihre Kleider vor ihm. Er lobte meine Schwester und deren Kleider, sodann schwärmten wir von Damenwäsche und sprachen uns derart allmählich immer intimer aus.

Mein Vater beschlagnahmte eine Sammlung von Ansichtskarten, die ich mir angelegt hatte und auf denen halbnackte Mädchen zu sehen waren. Er beschlagnahmte auch ein sehr aufregendes Buch, das ich von einem Freund eingetauscht hatte und das den Titel trug »Der Frauenhandel in Wisconsin«. Nie habe ich das Buch wiedergesehen und suche es noch heute.

Paul Heyse

Jugenderinnerungen und Bekenntnisse

Was mich betrifft, so war ich für Chemie und Physik schon aus dem Grunde verdorben, weil mir das mathematische Organ vollständig versagt war. Was weder meinen Geist noch meine Phantasie anregte, fand keinen Eingang bei mir, und die Welt der Zahlen blieb mir so fremd wie die Geografie des Mondes. Auch mein Gedächtnis sträubte sich gegen die Aufnahme von allem, womit ich keine Anschauung verband, während ich, sobald ich von dieser Seite gewonnen wurde, außerordentlich leicht lernte und lange behielt. Ich habe auf einem Redeaktus einmal den ganzen ersten Gesang der Odyssee auswendig griechisch vortragen können, gewiss zu geringer Erbauung der anwesenden Väter und Mütter. Dagegen kostete mich's große Mühe, nur das Nötigste an historischen Jahreszahlen mir einzuprägen, selbst von den Zeiten, die mich durch die Ereignisse und Gestalten höchlich interessierten. Sobald aber eine Zahl ins Spiel kam, wurde mein Gedächtnis geradezu gelähmt; ich konnte mich dann nur im Allgemeinen orientieren, indem ich den Ablauf der Tatsachen in mir wieder rekapitulierte.

Bis in die Untersekunda hatte ich mich in den mathematischen Stunden mitgeschleppt. Vor den Vega'schen Logarithmen machte ich ein für alle Mal halt wie ein müder Wanderer vor einem Urwalde, der ihm undurchdringlich scheint. Ein wenig mutiger zeigte ich mich der Trigonometrie gegenüber. Wo es galt, die Höhe eines Mastbaums oder eines Turms zu berechnen, wenn zwei Dimensionen und der Winkel gegeben sind, machte ich mich fröhlich ans Werk. Man sah doch, wo und wie, und freilich kam es mir mehr darauf an, bei dieser Gelegenheit ein stattliches Segelschiff oder einen kühnen Festungsturm zu zeichnen, als die Rechnung selbst richtig zu erledigen. Im Übrigen verzichtete ich in den oberen Klassen entschieden darauf, dass mir noch einmal eine Erleuchtung kommen möchte, und zum Glück erbarmte sich unser verehrter Mathematiklehrer, Professor Schellbach, meiner unbezwinglichen Unfähigkeit, da er mich sonst als einen musterhaften Schüler kannte. Er drückte ein Auge darüber zu, dass ich in seinen Stunden Coopers Romane oder Heines Reisebilder las, und wenn die anderen Rechnungen machten, die er dann zur Korrektur mit nach Hause nahm, ließ er sich hernach stillschweigend von mir das Blatt reichen, auf dem ich mein Landschäftchen oder den Kopf eines meiner Kameraden gestrichelt hatte, und ergötzte damit seine Frau und Kinder.

Dieser eine Zug möge genügen zum Beweise, wie wenig pedantisch der Unterricht auf unserem Gymnasium betrieben wurde. Unsere einsichtsvollen Lehrer wussten, dass nicht allen Bäumen eine Rinde gewachsen ist und, was die Natur versagt hat, durch eisernen Drill nicht ertrotzt werden kann. Auch das Abiturientenexamen wurde in diesem Geiste abgehalten. Was ein Schüler im Ganzen wert war, welchen Grad der Reife sein Charakter erlangt hatte, wurde schärfer in Betracht gezogen als seine Leistungen in den einzelnen Examenfächern, zumal unter dem Druck der wenigen Prüfungsstunden. Mein teurer Schellbach, als die Mathematik an die Reihe kam und ich hilflos auf das weiße Blatt vor mir starrte, trat an mich heran und fragte: »Nu, nu, Heyse, was haben Sie denn zustande gebracht?« Ich zeigte ihm mit stummer Resignation nur die Aufgabe, die ich niedergeschrieben hatte. »Nu, nu«, sagte er, »das werden wir schon 'rauskriegen. *Ich* würde das etwa so machen.« Damit nahm er meine Feder und schrieb die Rechnung ausführlich hin, nahm auch hernach das Blatt, zu dem ich nichts hinzugefügt hatte, mir wie allen anderen ernsthaft ab, und die Prüfung war bestanden.

Franz Werfel

Der Abituriententag

Adler ist seinen Mitschülern geistig in allem überlegen, vielleicht ein Genie. Nur nicht im Sport. Was der Held dieses Romans ausnutzt, um sich für eine erlittene Beleidigung an Adler zu rächen.

In der Turnriege war Adler mein Nebenmann. Ich hatte in Wien schon für keinen üblen Turner gegolten. Hier, bei Sankt Nikolaus, wo es so viel Geistige und Bücherwürmer gab, fiel ich sogar aus dem Rahmen des Gewohnten heraus. Der Überwertung des Geistes bei einem Teil meiner Mitschüler und ihrer Geringschätzung des Turnens war es zuzuschreiben, dass man Adler in diesen Stunden unbeachtet ließ. Sein riesiger Kopf mit der scharfen Brille, sein matter Hals, sein schmaler aber saftloser Körper (wir turnten im Hemd), seine Beine, die sich steif fortbewegten, dies alles bot keinen erfreulichen Anblick für ein Turnerherz. Niemand aber machte sich über diese Erscheinung Gedanken, die an einer Stätte körperlicher Tüchtigkeit verletzend wirkte. So und nicht anders sah eben die leibliche Gestalt eines überragenden Geistmenschen aus. Selbst der straffe Turnlehrer nahm dies wortlos hin. Was sollte er tun? Adler war Adler!

Einmal – wir standen schon im zweiten Semester dieses Jahres – waren wir beim Barren angetreten, um jene Übung auszuführen, die man die ›Schere‹ nennt. Es ist dies ein simples Kunststück, das mit ein wenig Geschick jedes Kind zustande bringt. Im Vollschwung muss man sich herumwerfen und zugleich in die Grätsche gehn.

Ich hatte meine Schere mit elegantem Schwung vollführt.

Jetzt kam Adler daran. Langsam, mit vorwärtszagenden Beinen, trat er an das Gerät. In Gedanken ließ er den schweren Kopf hängen. Es war ein absonderliches Bild. Alles sah gespannt hin. Er zog sich mit Mühe auf und blieb in Stütze. Nun schloss er die Augen, jenes feierliche Starren breitete sich über sein Gesicht, der Mund stülpte sich vor, und während sein Oberkörper hilflos steif blieb, begannen die Beine, als hingen sie lose in Scharnieren, auf unnachahmliche Weise zu schwingen.

Alles blieb ernst.

Auch ich hätte in diesem Augenblick meinen Lachreiz wie schon so oft beherrschen können. Aber es kam wie ein Rausch über mich. Ich sah den immer Überlegenen in seiner Armseligkeit. Jetzt, jetzt *wollte* ich mich nicht beherrschen. Ein Lachkrampf, der Teufel, fuhr aus meiner Kehle.

Zuerst sahen mich die Schüler erstaunt an.

Dann aber begannen die Mitglieder des Fußballklubs, die guten Turner, einer nach dem andern, in mein Lachen einzustimmen, erst zaghaft, später immer voller und höhnischer. Auch in ihren Herzen brannte Rachsucht gegen den Geist. Der Teufel in meinem Lachen wirkte suggestiv. Jetzt lachten alle. Selbst Bland konnte sich nicht entziehen. Es ist mir so, als wäre damals nur Komarek, der wilde Mensch, still geblieben.

Zuletzt sagte unser Turnlehrer, der schadenfroh übers ganze Gesicht grinste:

»Wissen Sie, Adler, da kann wirklich kein Mensch den Ernst bewahren!«

Nach diesen Worten erhob sich eines jener hysterisch-grausamen Lachgewitter, ein gellender Hohnschrei, wie ihn nur eine Schulklasse auszustoßen vermag.

Der Lehrer befahl, indem er einer lange gebändigten Bosheit freien Lauf ließ:

»Versuchen Sie's noch einmal, Adler!«

Und Adler, von immer neuen Lachsalven umknattert, brachte seine hilflosen Beine in Schwung, machte verzweifelte Bewegungen, taumelte auf dem Gerät hin und her und ließ sich endlich, da ihm der Turnlehrer nicht zu Hilfe kam, erschöpft niederfallen.

Als er in die Reihe zurücktrat, war das Gelächter erloschen. Aber alles wandte sich von ihm ab, und wie aus Verlegenheit sprach niemand ein Wort mit ihm.

Die Stunde war zu Ende.

Wir hatten uns in der Garderobe des Turnsaals angekleidet, um das Schulhaus zu verlassen. Da winkte mir Adler. Seine Stirne wies große rote Flecken auf.

»Schäm dich«, sagte er.

»Warum soll ich mich schämen? Vielleicht, weil du ein Patzer bist?«

Er kam auf mich zu, ganz dicht. Seine Augen waren fest geschlossen. Und dann umfingen wir uns zum Kampf. Es war ein langes, ein inbrünstiges Ringen. Alle Wunden aller Erniedrigungen in mir brachen auf und wurden Kraft. Und ich brauchte diese Kraft. Denn auch Adler entwickelte wilde, überraschende Kräfte. Am Gerät hatte er vorhin versagt. Aber hier, dem Menschen gegenüber, wusste er, um was es ging. Wie sehr hatte ich diesen Körper unterschätzt! Muskeln und Sehnen strafften sich. Die Leidenschaft gab ihm Geschick und gute Griffe.

Adler presste meinen Brustkasten zusammen, dass mir die Luft ausging. Oft glaubte ich schon, verloren zu sein. Niemals vergesse ich diesen gewaltigen schweigsamen Kampf. Es ging um unsere Existenz. Weh mir, wenn mich Adler auch körperlich besiegte! Niemand trennte uns. Alle schienen zu spüren, dass hier keine gewöhnliche Bubenrauferei vor sich gehe, dass hier ums Leben gerungen werde. Totenstill umgab uns der Kreis der Zuschauer. Schon konnte mein Herz kaum weiter, der Schweiß nässte mein Hemd, ich wurde schwach. Adlers Stirn war trocken. Er kämpfte gleichmäßig. Aus der Tiefe wuchsen seine Kräfte. Nur die wilden Atemstöße pfiffen. Jetzt erwischte er meinen Hals und begann mich zu würgen. Dadurch bekam ich im letzten Augenblick den Untergriff und warf ihn mit meiner ganzen Wucht zu Boden. Noch einmal bäumte er sich auf. Doch ich, von einem namenlosen Genuss durchschüttert, drückte seine Schultern nieder und kniete auf seiner Brust.

Ich, der Sieger, erhob mich.

Adler blieb noch eine Weile lang schlaff liegen, dann stand auch er auf.

Niemand sprach etwas. Die meisten taten so, als wäre hier keine Feindschaft ausgetragen worden, sondern nur ein sportlicher Ringkampf.

Ich reichte Adler ernst die Hand. Er nahm sie. Wir gingen mit einem gemurmelten ›Servus‹ auseinander. In diesem Moment war es mir, als hätte ich ihn lieb.

Else Lasker-Schüler

Schulzeit

Unter süßem Veilchenhimmel
Ist unsere Liebe aufgegangen,
Und ich suche allerwegen
Nach dir und deinen Morgenwangen.

Und den Ringelrangelhaaren
Rötlichblonden Rosenlocken,
Und den frühlingshellen Augen
Die so frischfreifrohfrohlocken.

Zwischen dicken Gummipflanzen
Lauern hinter Irdentöpfen
Strickpicknadelspitze Augen,
Tücksch aus bitteren Frauenköpfen.

Dass die beiden alten Damen
Hinter unsere Liebe kamen
Und dich in Gewahrsam nahmen,
Sind die Dramen unserer Herzen.

Oscar Blumenthal

Wer nie in der Jugend Gewitterdrang

Wer nie in der Jugend Gewitterdrang
über jedes trennende Gitter sprang,
wer nie sünd'gem Verlangen gebebt hat
und immer nur nach Erlaubtem gestrebt hat,
dem schmücke das Wams mit Orden und Tressen,
doch sag ihm, er habe zu leben vergessen.

Emmy Hennings

Abdankung

Es waren die letzten Wochen vor dem großen Tag, die letzten beiden Wochen der Vorbereitung auf die Konfirmation. Wir Kinder waren sehr in Anspruch genommen von äußeren und inneren Angelegenheiten. Der Unterricht in der Schule war nicht mehr sehr wichtig. Wir standen vor dem Abschluss, hatten jetzt alles gelernt, was es zu lernen gab. Das Abgangszeugnis war schon ausgeteilt worden. Im Rechnen hatte ich »genügend«. Eigentlich hatte ich »kaum genügend« oder »ungenügend« erwartet. Jetzt aber war ich sehr zufrieden mit diesem kleinen Wort »genügend« und ich ging eigens zum Lehrer, um mich für seine milde Ansicht, die mir bei meinem weiteren Fortkommen in der Welt sicher viel nützen würde, herzlich zu bedanken.

In meiner Klasse gab es zwei Abteilungen, die Vierzehn- und die nahezu Fünfzehnjährigen. Wir Älteren, die wir konfirmiert werden sollten, sahen ein wenig überlegen auf die andern, auf die »Kleinen«, herab, die noch ein Jahr länger die Schule besuchen mussten, während wir bereits mit einem Fuß im großen Leben standen. Für uns, die Großen, begann etwas völlig Neues, das man sich noch nicht recht vorstellen konnte und das mit der Vergangenheit bald nicht mehr zu vergleichen sein würde. Von einem Tag zum andern zog man bei uns die kurzen Kleider aus, um die langen anzuziehen, und wir neigten gar sehr zur Meinung: Kleider machen Leute. Zuallernächst freilich handelte es sich um zwei neue Kleider, das Hauptexamenkleid und das Konfirmationskleid. Beim ersten war es nicht sonderlich wichtig, von welcher Farbe es war, meines war dunkelblau, hochgeschlossen und von sehr schlichtem Schnitt. Das Konfirmationskleid aber musste tiefschwarz sein, und wenn man es nur anprobierte, setzte man unwillkürlich ein ernstes, feierliches Gesicht auf. Es machte mich etwas beklommen, wenn ich mich vor dem Spiegel in diesem Kleide sah. Die Kinderzeit wurde begraben, und dieses strenge Konfirmationsgewand war das Begräbniskleid. Mutter wünschte, dass ich in diesem Kleid fotografiert werden sollte, aber ich bat sie, hierauf verzichten zu wollen. Ja, hätte ich wie Veronika ein weißes Kleid, einen Schleier und ein Kränzlein tragen dürfen, wäre mir ein Andenken an diese bedeutsame Zeit lieb gewesen, so aber, da ich mir vorkam wie ein schmaler, schwarzer kleiner Sargdeckel, wollte ich kein Bild.

Seltsam, dass bei diesen gewaltigen Veränderungen, die beinahe über uns hinweggingen, alles beim Alten blieb. Dass die Straße, die Schule, das Heim, dass die ganze Welt sich nicht mit verwandelte! Die langen Rot- und Weißdornhecken, an denen ich auf dem Schulweg vorbei musste, blieben still, wie sie immer gewesen waren. Nur das Birkenhäuschen in Bresdorfs Garten, das kleine Sommerhaus, die süße Laube, die einmal groß und einmal klein war, schien mich in diesen Tagen besonders lieb anzusehen, als wolle sie sagen: Ich bleibe hier stehen, ich bleibe dir treu, und immer will ich mich verwandeln, wie du wollen wirst. Und dieses Haus war gefällig wie nie. Als wolle es noch einmal zeigen, was es könne. Einmal war es zierlich klein, wie zum Mitnehmen, und ein andermal war es gar nicht leicht zu übersehen. Und war das Birkenhaus manchmal so groß, da kam ich leise auf den Gedanken, dass man zu gewissen Zeiten ein Riesenkind sein könne, das

Große wie zum Spiel zärtlich in die Hände nehmen, während man zu anderen Zeiten selbst das Kleine für unübersehbar hielt. Eigentümlich schwankend waren meine Augen. In dieser Zeit begann ich überhaupt eine seltsame Veränderung in meinem Sehvermögen zu konstatieren. Wie oft hatte ich das Haus meiner Eltern betrachtet. Wie gut kannte ich jeden kleinen Mauerriss der Südwand. Von oben, von meinem Zimmerfenster aus, ging ein Riss, der die Elbe war. Unsere Hauswand war eine Landkarte. Das ganze große Deutschland war hier abgebildet. Hier sah ich jede Provinz, jeden Ort, jeden Fluss, jedes Gebirge, und manchmal wurde das alles blühend und lebendig. Ich wusste, wo die Schwarzwaldmädchen wohnten. Ich ging durch einen Wald im Fichtelgebirge, und wo der Wald zu Ende war, sehr umträumt, umblüht von Einsamkeit, stand die Dreifaltigkeitskirche, ein Denkmal früher Zeit, und dann war mir, als kniete ich in dieser Kirche, dankbar, dass ich knien durfte vor dem Schönsten, was es gab auf dieser Welt. Erwachte ich dann aus solcher Versunkenheit, stand ich vor der rissigen Hausmauer meines Vaterhauses. Wie seltsam doch diese Runen waren! Gewiss, das Wetter, viele Jahre Regen und Schnee hatten dies verursacht, und doch, mit einer erstaunlichen Genauigkeit war hier Deutschland abgebildet. Wäre mein Arm groß genug gewesen oder hätte ich einen langen Stab gehabt, hätte ich mit Leichtigkeit alles zeigen können. Es war ein Wunder, wie sich diese Landkarte hatte bilden können. Wie schön wäre es, wenn ich dies hätte bemalen, etwas präziser unterstreichen dürfen. Dies hätte ich sehr gut machen können, und ich tat es oft in Gedanken.

Im Gesangbuch trocknete ich Blätter. Buche, Eiche und Buschwindrose. Auch ein Lindenblatt aus Kalleby besaß ich. Das waren Andenken aus meiner Heimat, die ich fürsorglich gesammelt hatte, denn es war ja nicht sicher, ob ich nicht einmal weit fortmusste. Vielleicht waren die Buchen anderswo anders als bei uns. Es könnte Differenzen geben. Es war anregend, Blätter austrocknen zu lassen. Man sah das feine Geäste eines Blattes. Es war ja so erstaunlich fein gemacht. Kein Stoff der Welt war gewirkt, wie ein Buchenblatt gewirkt war. Der liebe Gott webte anders als die Menschen, viel verschlungener waren die Fäden, fantastisch und spielerisch. Keine geraden Linien gab es da. Ein einziges Blatt war ein weitverästeltes, tief ineinander verschlungenes Stegreifleben, das man nicht deuten, nicht enträtseln, das man ob seiner krausen Mannigfaltigkeit nur hinnehmen und bewundern konnte. Ob man sein Leben nicht ein klein wenig nach einem Buchenblatt richten konnte?

In den Schulpausen teilten wir an die Kleinen unsere Erbschaft aus. Alles, was wir künftig nicht mehr brauchen würden. Federkästen, Lesezeichen, Radiergummi, halb beschriebene Hefte. Ja, das kam jetzt alles nicht mehr für uns in Betracht. Einiges hatte ich auch abzugeben. Einen gefälligen Bleistiftspitzer konnte man schon weggeben. Vorerst würde man doch nichts zu notieren haben. Den Federwischer, eine ausgezackte, nette kleine Blume aus Stoff, gab ich Anni Walde, die froh damit war. Gab's mit dem Bemerken, ich würde so bald nicht mehr zum Schreiben kommen, ich ginge in die weite Welt. Wohin? Nun ja, vielleicht als Stewardess nach Sumatra, vielleicht als Stubenmädchen auf eine Farm in Südwestafrika, dergleichen könne man nicht voraussagen. Die Welt ist groß, und man weiß nicht, wohin es einen verschlägt. Ich bediente mich weitgehendst der Redensarten meines Vaters, der ja zwei Mal die Erde umsegelt und schon mit zwölf Jahren angefangen hatte. Ich hoffte nur, dass zufällig gerade ein Kindermädchen in Indien verlangt würde. Vielleicht wurde ich auf Haiti erwartet. Es war ja interessant, dass man es nicht wusste. Dass man es nur ahnen, sich leise ausdenken konnte, was kommen konnte. Herz und Kopf waren das Land der unbegrenzten Möglichkeiten. Es war einfach reizend.

Nein, meine Buchen- und Eichenblätter konnte ich nicht abgeben. Ich bedauerte sehr, aber das waren Erinnerungen fürs spätere Leben. »Wenn am Missouri alles schwiege, dies malte mir der Heimat Bild.«

Meine Schulfreundinnen alle suchten »Stellungen« in der Stadt oder in der Umgebung. Sehr gern wäre ich nach »außerhalb« gegangen, am liebsten auf eine blaue Insel am Kap der Guten Hoffnung. Ich entwarf Anzeigen, aber Mutter zögerte, sie in die Zeitung einrücken zu lassen. »Ein Mädchen, das zu allem bereit ist, versehen mit guten Schulzeugnissen, sucht Stellung in Indien, gleich welcher Art.« Man konnte freilich auch in Mellerup anfangen, wenn sich nichts anderes ergab, aber wenn man schon in die Fremde musste, wollte man doch richtig in die Fremde. Die nächste Station, die nordschleswigsche Weiche, sah schon sehr nach Fremde aus. Hier stand ein solider Bauernhof, ziemlich einsam auf weiter Flur, nahe einem kleinen Bach, der von hohen Erlen eingesäumt war. Vielleicht wohnten reiche Leute in diesem Hause, die Verlangen trugen, im Winter in der Stadt zu leben. Ganz gerne wäre ich hier Einhüterin gewesen, vorausgesetzt, dass man dort keinen Hofhund hatte, denn vor

Hunden hatte ich ja ein für alle Mal Angst. Ich hätte keine Stellung annehmen können in einem Hause, in dem man sich einen Hund hielt, und wenn man mir tausend Mark im Monat bieten würde! Würde Mutter eine Anzeige mit einem Stellungsgesuch aufgeben, musste man hinzufügen: Haus mit Hund ausgeschlossen. Rehe oder Schafe konnten die Leute gerne halten, soviel sie wollten, nur keinen Hund. Sonst wollte ich keine Bedingungen stellen. Vielleicht kam ich in ein Büro, zunächst nur, um dieses zu putzen und aufzuräumen. Dann aber war eines Tages die Sekretärin krank, und es ergab sich von selbst, dass ich für den Inhaber eines großen Geschäftes wichtige Briefe zu schreiben hatte. Ich ordnete die verwickeltsten Angelegenheiten, und der Chef staunte vor Freude und Bewunderung über mich, hätte mich am liebsten zur ersten Sekretärin gemacht, aber ich wollte niemand von seinem Posten verdrängen. Nein, das wollte ich nicht, höchstens einmal Aushilfe sein, um zu zeigen, was ich konnte. Nur zum Spiel. Miete Fleth kam als Lehrmädchen in ein Warenhaus. Gunde Vantzelow sollte die Handelsschule besuchen und doppelte Buchhaltung lernen.

Die Aussichten der verschiedenen Berufe wurden gründlich besprochen. Begabungen glaubten wir zu manchem zu haben, und mit Hindernissen wurde wenig gerechnet. Oftmals entwarfen wir eine Laufbahn bis zu den höchsten Stellungen innerhalb fünf Minuten. Im Nu wurden wir Obergärtnerinnen, Hausmeisterinnen, Buchhalterinnen, Redakteurinnen, Fotografinnen. Das waren Kleinigkeiten. Wir saßen unter den hohen Pappelbäumen des Schulhofes, eine neben der andern, auf der langen Bank, oder standen diskutierend im Kreis und kamen manchmal in unseren kühnen Plänen so weit, dass wir uns den eigenen Lebensabend ausmalten, einen gesegneten Feierabend, von Kindern und Enkeln umgeben. Dann lachten wir darüber, wie weit wir es gebracht hatten.

Dann wieder wurde die Ausstattung besprochen, wieviel jede mitbekam. Wieviel Hemden, wieviel Hosen, wieviel Schürzen, wieviel Kleider. Und wie das gemacht und genäht wurde, ob mit oder ohne Hohlsaum. Das Konfirmationshemd und das Konfirmationstaschentuch, beides spielte eine große Rolle. Das Batisttaschentuch, mit Blumenranken und Monogramm versehen, hielt man freilich in der Hand, und hin und wieder konnte ja einer in der Kirche einen anerkennenden Blick darauf werfen, wenn er Lust hatte. Wie aber das Hemd beschaffen war, wusste man doch nur selbst, und es war eigentlich nicht nötig, so viel Staat damit zu machen. Küchenschürzen und Morgenkleider sollten gern ein bisschen flott gearbeitet sein. Bei Meesenburg gab es einen bedruckten Stoff, ein Blumenmuster, das mir sehr zusagte, Mohn und Kornblumen, es war genau so billig wie die blauundweißgestreifte Baumwolle. Leider wählte Mutter die Baumwolle. Wenn Mutter schon für Streifen war, hätte sie doch die malvenfarbenen Eisenbahnschienen nehmen können, aber sie wollte nicht.

Regine Hansen brauchte weder Morgen- noch Küchenschürzen. Sie wurde Lehrerin, und da kam es weniger auf Kleidung als auf Bildung an. Regine hatte ein Stipendium und sollte später das Lehrerinnenseminar in Augustenburg besuchen. Sie war die erste, die mich bat, ihr einen Spruch ins Stammbuch zu schreiben. Ich fand, es sei ein hübsches Zeichen der Achtung vor mir, dass die feine, kluge Regine mich um ein schriftliches Andenken bat. Ich fand einen Spruch, der sich für die künftige Lehrerin gut eignete, zumal ich auf der einen Seite des Buches ein Bild angebracht hatte, das Jesus, von kleinen Schafen umgeben, als Guten Hirten zeigte.

Hast du mich lieb, dann weide meine Lämmer.
Die Kleinen leg' ich dir zuerst ans Herz.
Sie gehn noch zwischen Nacht und Licht im Dämmer.
Führ sie auf grünen Auen sonnenwärts.

Hast du mich lieb, dann liebe mich in diesen.
Was du den Kleinen tust, ist mir erwiesen.
Brennt nicht dein Herz in mütterlichem Trieb?
Hast du mich lieb?

Regine hatte große Freude an diesem Gedicht. Ja, sie wollte sich immer danach richten, und dasselbe versprach ich ihr, da sie in mein Buch hineinschrieb:

Wenn dich die Menschen kränken
Durch Verrat und Trug,
Musst du still bedenken,
Was dein Heiland trug.

Kommen trübe Tage
Über dich herein,
Wirst du ohne Klage
Beten ganz allein.

So gaben wir Kinder einander die erhabensten Lehren und Hinweise, von denen wir wussten, dass sie das Gute enthielten, die wir aber doch noch nicht erprobt hatten. Wir sprachen alles Edle und Hohe, das wir erst erringen, durch Erfahrungen erwerben mussten, in aller Unschuld zum Voraus aus, als wäre diese Weisheit schon unser Eigentum.

Wenige Tage vor der Konfirmation machte ich noch einen Besuch bei der Mutter der Liebe. Es ging nicht anders. Sie war es, die uns ihren Sohn geschenkt hatte, und ich musste unbedingt wenigstens einmal zu ihr. Ich wollte mir gern einmal genau ansehen, wie die Mutter Gottes es bei sich zu Hause hatte, nämlich wie sie in der Kirche eingerichtet war. War Gottesdienst, hatte ich eine gewisse Scheu, in die Kirche einzutreten, da ich nicht sicher war, ob mir dies wohl gestattet sei. Ich hatte jedoch schon mehrmals vor der Tür mir die Singmesse angehört und einmal eine Litanei zum heiligen Aloisius, wobei ich das »bitte für uns« heimlich für mich mitgesungen hatte, hoffend, dass der Heilige es bemerken würde. Ganz weit unten, links, nahe dem Hauptaltar, hatte ich die Mutter Gottes als Königin gesehen, von Blumen und Lichtern umgeben. An einem Sonntagvormittag hoffte ich, Veronika hier zu entdecken, die mich vielleicht in die Kirche hätte einführen können; aber da Veronika nirgends zu erblicken war, hielt ich mich nicht lange damit auf, sie zu suchen, sondern betrachtete, in der Haupteingangstür stehend, die Königin, der ich mich nicht zu nähern wagte, wenn so viele Menschen da waren, die vielleicht hätten erkennen können, dass ich nicht hierher gehörte. Ich war der Meinung, dass ich auffallen, vielleicht gar Ärgernis erregen könnte, wenn ich mich nicht genau wie die andern benahm, doch glaubte ich immerhin das Kreuzzeichen richtig machen zu können. Dies hatte Veronika mir gezeigt, und ich war sehr glücklich, dies gelernt zu haben.

Zu diesem Extra-Kirchenbesuch hatte ich nun meine beiden Bildchen mitgenommen, die Mutter Gottes und den hl. Aloisius, weil sie nach meiner Meinung einer kleinen Weihe bedurften. Sonst wurden ja die Bilder, nach Veronika, von einem Priester eingesegnet, aber darauf musste ich verzichten. Es genügte wohl, wenn die Bilder ein wenig in der Kirche gewesen waren und ich sie etwas mit dem Weihwasser benetzte, das doch auch vom Priester gesegnet war. Zu diesem Vorhaben hätte ich ohnehin kein Publikum brauchen können, und darum hatte ich mir sorgfältig eine stille Stunde ausgesucht, in der ich möglichst ungestört mich meiner andächtigen Beschäftigung hingeben konnte.

Die schwere Türe ließ sich lautlos und willig aufziehen. Wie schön das war, man brauchte nicht einmal anzuklopfen. So einladend und doch so feierlich lag sie vor mir, die Halle des lieben Gottes. Nirgends waren Menschen zu erblicken. Nur die großen Heiligen an den Pfeilern, die hier Wache hielten, und ganz hinten schimmerte es geheimnisvoll, golden und still, ganz still. Ob ich es wagen durfte, näherzutreten? Ich hielt es für geraten, meine Holzschuhe abzustreifen und in den Händen zu tragen. Mit so grobem Schuhzeug durfte man bei uns daheim auch nicht die beste Stube betreten. Nachdem ich Weihwasser genommen und meine Bildchen benetzt hatte, fühlte ich mich sogleich etwas mehr berechtigt, mich hier aufzuhalten. Ich machte einen Rundgang durch die Kirche, sah mir in schüchterner Ehrfurcht das Leiden und Leben Jesu an. Wie er gegeißelt wurde! Wie er dastand ohne Kleid! Es tat mir sehr leid. Was aber war und nützte mein Leidtun? Jetzt durfte ihm nichts mehr wehtun. Was seine Mutter wohl dazu gesagt hatte, einmal? Ja, hier hielt sie ihn auf ihrem Schoß. Das Bild war so ernst, so schön, so groß, ich betrachtete es lange und ging dann, meinen Schritt immer mehr verlangsamend, dem Altar zu. Hier waren hinter Glas wohl kostbare Reliquien verborgen, märchenhafte, seltsame Andenken von Heiligen. Versonnen betrachtete ich den Altar, ein mattes Gold glänzte. Mir war, als wecke ich uralte Erinnerungen aus einem langen Schlafe. Ich bin immer hier gewesen, sagte ich und wusste nicht, zu wem. Ich sah die Statue des heiligen Aloisius, und mir war, als dringe mein Atem in ein Denkmal aus Stein. Es war ein sanftes, engelhaftes Gesicht, das ich immer wieder sehen würde. Bitt für uns, so sangen die Kinder ihm zu. Und dann hatte er ein ganz leises, feines, fernes Lächeln. Er betete. Ich sah es.

Ihm gegenüber stand die Mutter Gottes. Ich sah zu ihr hin. Sie hielt das Kind im Arm, so, als wolle sie es jedem Betrachtenden zeigen. Und das Kind selbst streckte seine kleinen Arme aus. Oh, mit solcher Mutter lässt sich sprechen, die jedem ihr Kind schenken will und alle Kinder wie eine Mutter an sich nimmt und schützt.

Groß und mächtig wirkte ihre Erhabenheit auf mich, aber ihre Güte ließ Vertrauen fassen. Sie war die Mutter der Liebe, von der ich mich nicht trennen mochte. Diese Stunde schien mir unwiederbringlich. Ich wusste ja nicht, ob ich Gelegenheit hätte, wieder hierherzukommen, aber sie stand ja nicht nur hier auf dem Sockel, die Mutter Gottes. Sie wollte in den Herzen ihrer Kinder wohnen. Also musste sie mit mir kommen, bei mir bleiben.

Allmählich begann es dunkler zu werden. Weiche blaue Schatten hüllten die Heiligen ein, sodass sie mir wie lebend erschienen. Als ich der Mutter Lebwohl sagte, lächelte sie: auf Wiedersehen. Aber sie wollte ja bei mir bleiben. Schön war es, dass sie so weit weg im Himmel war und doch so nahe bei mir. Ich wünschte mir ihr Bild einzuprägen, das ich grüßen wollte, immer wieder. Sie selbst musste mir dabei helfen und mir beistehen, da sie die Mutter der Liebe ist.

Anton Wildgans

Musik der Kindheit

Hausball, Kinderball von 1891! – Durch ein geräumiges Vorzimmer, in dem es bereits nach frischen Blumen, zarten Parfüms und feinen, warmen Speisen verheißungsvoll genug roch, betrat man den gemütlichen Ecksalon des Gelehrten. Allein die Möbel standen darin nicht so, wie sie wohl für gewöhnlich stehen mochten, sondern alles, was nicht niet- und nagelfest war, hatte man an die Wände gerückt, um dem Tanzvergnügen Raum zu schaffen. Da Vater und Sohn zu den frühesten Ankömmlingen zählten, hatte der Ball noch nicht angefangen, und der Klavierspieler saß noch untätig beim weitaufgemachten Pianoforte. Nun aber füllten sich rasch die Gemächer. Viele Erwachsene kamen und noch viel mehr Adoleszenten und Kinder. Schöne und würdige Frauen aller mütterlichen Alter, in Schleppkleidern, mit bloßen Schultern und Armen, strahlten im Schmucke der Blumen und Juwelen; wohlgehaltene Väter trugen diskrete Ordensbändchen oder goldene Kettchen mit vielen glitzernden Miniaturorden im Knopfloch ihres Fracks; hohe akademische, bürokratische und die verschiedensten Adelstitel flogen im eleganten Ballspiel der lebhaften Konversation hin und wider. Eine Welt von Rang, Geltung und Wohlhabenheit tat sich dem Neuling mehr verwirrend als anheimelnd auf. *Das* also waren die Sphären, in die durch Fleiß und Wohlanständigkeit hineinzuwachsen man geboren war! Es tat wohl, den eigenen Vater in ihnen heimisch und gleichberechtigt zu sehen, aber man fühlte auch die ungeheure Verpflichtung, ihm ja um Gottes willen keine Schande zu machen. Das beeinträchtigte zwar das eigene Vergnügen erheblich, aber es verlieh auch Wichtigkeit und Rückgrat, und besonders dieses letztere hatte man notwendig – den jungen Damen zwischen acht und vierzehn Jahren gegenüber! Du lieber Himmel, wie konnten doch diese tüll- und spitzenumbauschten, Ylang-Ylang-duftenden Püppchen stolz und verächtlich blicken! Die jüngsten trugen zwar noch die Haare offen, andere aber hatten es schon zu dicken, seidenbemaschten Zöpfen gebracht, und wenn eine gar bereits die Locken aufgesteckt hatte, so war es mit ihr rein nicht mehr zum Aushalten. Und doch, welch ein Zauber, welch eine demütigende Anziehung ging trotz ihrer kalten, abweisenden und oft schmerzhaft spöttischen Blicke von diesen kleinen, vielfach Französisch parlierenden Herrinnen aus! Was konnte man dieser mühelos plappernden Sprachkenntnis entgegensetzen? Selbst die gewiss nicht unbeträchtliche Mitteilung, dass alle Wörter auf *-nis masculini generis* seien, hätte einen bloß lächerlich gemacht. Überhaupt, nichts von allem, womit man allenfalls hätte aufwarten können, hätte vor diesen ebenso reizenden als grausamen Richterinnen stichgehalten! Alles an ihnen war allem an unsereinem überlegen: jeder Blick, jede Bewegung, die Geschmeidigkeit und Sicherheit des Ganges, die Mühelosigkeit des Gespräches, ja sogar die Reinheit des Teints! Ihnen schien eine Haut verliehen zu sein, an der Irdisches wie z.B. Tusche oder Tintenstift überhaupt nicht haftete. Blütenweiß und flaumweich, so wuchsen die rundlich-zarten Hälschen dieser süßen und höheren Wesen aus Spitzenkrausen und duftendem Seidenzeug und wiesen nirgends jene verdächtigen Schatten auf, die bei der eigenen Methode, sich den Hals zu waschen, so schwer zu vermeiden waren. Auch die Händchen der Geschöpfe sahen aus, als wären sie soeben einem sanften Bade aus Rosenwasser und Mandelmilch enttaucht, und die Nägel ihrer Fingerchen glichen gleichmäßig geformten Perlen in ihrem schimmernden Ebenmaß, während unsereiner an den seinen mitunter noch recht kräftig nagte und kaute. War es da ein Wunder, wenn all diese kleinen, schon von Kindesbeinen auf den Ehemann dressierten Bürgerinnen über einen hinweg in das große solide Abenteuer mit einem jener Halbwüchsigen oder gar Erwachsenen blickten, die ihnen in ihren langen Hosen und tief ausgeschnittenen Westen (womöglich noch dazu umstrahlt von der Gloriole eines väterlichen Adelsprädikates) unbesehen ebenbürtiger waren? So stand man denn, von seinem immer noch viel zu weiten, kurzhosigen Matrosenanzug umschlottert, als der verkörperte Minderwertigkeitskomplex in irgendeiner Ecke des Salons, hungerte mit fieberheißen Wangen und Augen nach Erwachsenheit und Vollgültigkeit in diesem Kreise und blieb, obwohl zu ihm zugelassen, dennoch ein Abseitiger und Fremder in ihm. Da übertönten ein paar festliche Akkorde den heiteren Tumult des Stimmengewirres; das durcheinanderflutende Gedränge ordnete sich zu Paaren, die Paare schritten eine Weile zum feierlich-feurigen Rhythmus einer Polonaise im Kreise herum, und dann verstummte die Musik, alles stand, ein paar Augenblicke atemloser Stille traten ein, und in sie ertönte nun erst leise und wie von weit her das selige Aufschluchzen eines Walzers. Da löste sich das erste der Paare von der Kette, schwebte graziös umschlungen in die freigehaltene Mitte des Salons, tanzte einmal allein herum, die anderen schlossen an, der Ball war eröffnet!

Ich könnte die Schilderung meines ersten Hausballes mit dieser Eröffnungsszene beschließen. Denn was nun folgte, das war nicht viel anderes als die üblichen Tänze aus der Bäckerstraße, nur dass sie sich hier nicht so schulmäßig abspielten wie unter Monsieur Müllers kritischen Blicken. Aber nicht davon soll jetzt noch die Rede sein, sondern nur mehr von einem ganz anderen, das an jenem Abend als ein unendlich Zartes und Beseligendes in das Leben des einschichtigen Knaben aus der Schmidgasse trat und darin weilte bis an die äußerste Grenze der Kindheit. Ja, noch jenseits dieser, als die ersten Föhnstürme nahender Mannbarkeit den jungen Wipfel zausten und bogen, war es da als ein Nachglanz von Reinheit und Wärme. Und heute, im Nachmittage seines Lebens, weiß der Mann – was immer er auch seither erlebt hat an wogenhintreibender Lust und hafenberuhigtem Glück –, dass nichts mehr wieder so über ihn kam wie das überwältigende Gefühl jenes Abends.

Sie hieß Annie und war die jüngste der Töchter des Hauses. Kaum so alt wie der Knabe, der seinerseits wieder der jüngste unter den Tänzern des Abends gewesen sein dürfte, war auch sie noch ein Kind, aber Unschuld, Güte und Lieblichkeit strahlten frei und erwärmend aus den Augen dieses Kindes, und von seinem Scheitel wallte das blonde Gold in seidenen Wellen über die zarten und dennoch kräftigen Schultern. Wieso ich Annie erst an diesem Abende begegnete und nicht schon früher mit ihren beiden älteren Schwestern zusammen in der Tanzstunde, kann ich heute nicht mehr sagen. Auch dafür wüsste ich keine Gründe mehr, warum Annie als einziges unter den Kindern kostümiert war. Aber sie *war* es, und wie das liebe Märchen vom Rotkäppchen schreitet ihre Gestalt durch den frühen, zarten Nebel der Erinnerung. Es ist ja möglich, dass ich sie schon vorher einmal in anderer Umgebung gesehen hatte. Dann aber nur mit jenen Augen, die eben alles flüchtig in sich aufnehmen, was sich in ihren Kristall drängt, nicht aber mit jenen, deren Blick Erlebnis bedeutet und selige Besitznahme von etwas, das man nie wieder lassen mag. Und dies Erblicken kam! Kam an jenem Abend und hat auch heute noch die Kraft, der Zeit zu gebieten, dass sie stillesteht für ein paar Atemzüge, indessen ich ein blühendes Zweiglein befestige am Gnadenbilde meiner ersten Liebe.

Tanz um Tanz war vorübergeflirrt an jenem Abende, und der einschichtige Knabe hatte sich kaum beteiligt an dem Vergnügen, dass ihm nur eines für andere zu sein schien und nicht für ihn. Da – es ging wohl schon gegen Mitternacht! – wurde zur Kotillonquadrille aufgerufen, und alles, was männliche Beine hatte, stürzte und drängte sich in das Vorzimmer, wo ein Bedienter kleine, taufrisch duftende Blumenbouquets aus einem mächtigen Korbe verteilte. Auch der Knabe hatte sich drei davon, wenn auch als Letzter, erobert und begab sich, vor Erregung und Erwartung bebend, zurück in den Saal. Da hatte die Quadrille bereits begonnen und glich mehr einem übermütigen Durcheinander als einem so streng geregelten Tanze. Wie aber waren all diese Paare und Gegenüber zusammengekommen? Hatte der Knabe versäumt, sich eine Tänzerin zu wählen? Oder war das Wahlrecht von den Damen ausgeübt worden? Er wusste es nicht, konnte es nicht fassen. Und alle Mädchen hatten ihre Blumenspenden schon erhalten, und allen Tänzern schmückte bereits der bunte und glitzernde Tand der kleinen seidenen Maschen und goldpapierenen Sterne die Brust! Nun löste sich die Quadrille in die wilde Jagd eines Galopps auf, der auch die Nebenräume durchtobte, bis die Musik ihren Höhepunkt erreichte und mit einigen besonders rauschenden Akkorden abbrach. Da wurden Flügeltüren, die bisher geheimnisvoll geschlossen gewesen, geöffnet; eine Flucht neuer, noch unbetretener Gemächer tat sich auf; blumengeschmückte, silberfunkelnde und von vielen Lüstern und Kerzen überstrahlte Tafeln schienen sich in die Unendlichkeit fortzusetzen, und mit der ganzen feierlichen Courtoisie jener Tage schritten die Erwachsenen durch ein Spalier von Jugend zu Tisch. Und der Knabe? Wie im Traume geschah ihm dies alles; wie im Traume zog all dies an ihm vorbei, und wie im Traume verspürte er, dass es immer leerer und stiller wurde um ihn und dass er bald allein stehen werde mit seinen drei unverschenkten Blumensträußchen in der Hand. Da aber, als die Pein dieses Traumes schon fast ins Unerträgliche stieg, in diesem Augenblicke höchster Ohnmacht und Scham – löste sich eine kleine Märchengestalt aus dem letzten, verebbenden Gedränge; zwei strahlende Kinderaugen suchten mich, nahten mir rasch, sahen ermutigend lächelnd zu mir hinan, und dann – da ich vor lauter Verwirrung und Dankbarkeit nichts anderes gewusst hatte, als all meine Blumenpracht dem lieben Mädchen zu geben – fasste eine kleine, heiße, etwas feuchte Kinderhand resolut nach der meinen und führte mich durch einen Nebel von Glück und Verwirrung zu Tisch.

Oh, es war gewiss nicht so gewesen, dass Gott einen Engel bemüht hatte, um einen allzu unbeholfenen Knaben aus einer lächerlich-demütigenden Situation zu befreien; und auch davon war bestimmt nicht die Rede, dass Annie, von irgendeiner schicksalhaften Sympathie getrieben, sich meiner angenommen hatte, sondern ganz einfach: die sachlich vorherbestimmte Tischordnung hatte die beiden Jüngsten der Gesellschaft am untersten Ende einer der vielen Tafeln zusammengesetzt. Ich närrisch-überspannter Hitzkopf aber nahm dieses Selbstverständliche und gar nicht Hintergründige als ein Zeichen des Himmels, und wie ein Trunkener muss ich mich damals in meiner Seligkeit betragen haben. Die Speisen, die man reichte, berührte ich kaum, obwohl ich mir von jeder die erstaunlichsten Berge herauslangte. Stattdessen sprang ein solcher Strom der Rede von meinen bisher krampfhaft verschlossenen Lippen, dass allmählich auch ältere Kinder auf mich aufzumerken begannen, und schließlich hörte mir alles zu, was am nämlichen Tische saß. Was ich da zusammendeliriert haben mag, ist mir heute völlig unbewusst, aber ich sprach und sprach und wendete keinen Blick von dem stillen, lächelnden Kindergesicht neben mir, das mich mehr forschend als verstehend ansah. Dann aber, nachdem ich mich endlich ausgetobt hatte, brach der Strom der Rede ebenso unvermittelt ab, wie er mich überkommen hatte; und ich weiß von jenem Abende nichts anderes mehr, als dass ich durch eine eisigklare, schneelose Winternacht an der Seite meines Vaters über die Lastenstraße der Schmidgasse zuschritt. Da löste sich die Spannung vieler Stunden in einem Ausbruch unendlich glücklicher Tränen, und der große, strenge Mann an meiner Seite, der mir nur so selten zeigen durfte, wie lieb er das Kind seiner ersten Ehe hatte, streichelte mir mit einem Lächeln, dessen gütige, fast ratlose Verschämtheit ich niemals vergessen werde, die Wange.

Seit jenem Abende habe ich dich geliebt, Annie, und habe diese Liebe »getragen sieben Jahr«! Bis in die Fieberphantasien der schweren Krankheit, die ich am Eingange des Jünglingsalters bestehen musste, hat mich dein reines, liebes Bild begleitet, und mein ganzes Knabenleben stand unter dem Zeichen deines Auf-Erden-Seins. Um deinetwillen trieb ich täglich stundenlang den Reifen über die Asphaltstraße hinter dem Rathaus, auf die deine Fenster sahen. Um deinetwillen ging ich die Wege in den Anlagen zu jenen Stunden, da auch du sie gingst. Um deinetwillen gehorchte ich meinen Eltern, lernte ich für die Schule, schämte ich mich meiner Sünden und Schwächen, und um deinetwillen betete ich. Aber das Wunder, um das ich bat, konnte selbst Gott nicht bewirken. Denn um deinetwillen hätte ich ein Mann sein wollen, um vor dich hinzutreten und dir sagen zu dürfen, wie lieb ich dich habe. So, wie ich es tausende Male vor mich hingesagt, des Nachts vor dem Einschlafen, des Morgens nach dem Erwachen und in allen Stunden der Dämmerung, wenn die Lampen noch nicht angezündet waren an den frühen Abenden der Winter. War dies Schmerz, war's Freude? Ach, beides war's, aber mehr des Leids als der Freude. Denn mit jedem Jahre unserer Kindheit entwuchsest du mir mehr in ein Uneinholbares und Fremdes, das deinem Leibe die Süße gab und deiner Seele die Ahnung glücklichsten Weib- und Mutterseins, indessen ich – ein Schulbub blieb. Da war ich denn ausgetrieben aus dem Paradiese und lernte das bittere Jünglingslos dulden, Liebe und Lust trennen zu müssen wie ein Schmutziges und ein Reines. Und das hat wehgetan, Annie. Aber stille, stille davon! Kein Schatten trübe dein Bild! Wo immer du – wüsst' ich's doch! – seist, was immer das Leben an dir getan – blühen schon Silberfäden in deinem Haar und sind Lippen da, sie zu küssen? – so, wie ich dich liebte, da wir noch Kinder waren, steh du vor mir und weile!

Johanna Schopenhauer

Jugendleben und Wanderbilder

Unter Sonne, Mond und Sternen gibt es kein glückseligeres Wesen als *Miss in her teens.* Mit diesem alles erschöpfenden Ausdruck bezeichnet die englische Sprache die Zeit des Mädchenlebens zwischen dem vierzehnten und neunzehnten Jahr, den blumigen Scheideweg, der Kind und Jungfrau voneinander trennt. Unsre Sprache kann beim Versuch, ihn wiederzugeben, nur durch Umschreibungen sich helfen, die eben immer unbeholfen und schwerfällig auszufallen pflegen. Zu vergleichen aber wäre eine solche Miss am füglichsten dem eben der Puppe entschlüpften Schmetterling, der verwundert über das unerwartet ihm gewachsene Flügelpaar sich keck in die Lüfte schwingt, über die ihm eben so neue Blütenpracht in frisches Erstaunen gerät, jede Blume neugierig umflattert, die zuletzt gefundene immer für die am süßesten duftende erklärt und dadurch doch nicht abgehalten wird, auch um die Bekanntschaft der übrigen sich emsig zu bewerben.

Auch ich war in Arkadien! auch ich war vor vielen langen Jahren eine *Miss in her teens*, war ein solcher unvernünftiger, lustiger, etwas naseweiser Sommervogel, dem der Himmel voll Geigen hing, den alles entzückte, weil alles ihm neu war.

Landpartien, Komödien, Tragödien, Hiller'sche Operetten, ein Ball, ein Konzert, Marionetten, Kunstreiter, alles gefiel mir unbeschreiblich, und umso mehr, weil meine Eltern vor Übermaß des Genusses dieser Freude mich bewahrten, wie das ohnehin der Geist jener Zeit es mit sich brachte. Die lustige Jagd nach Vergnügen nahm damals noch nicht alle unsre Gedanken und die größere Hälfte unsrer Tage ein, Visiten fanden nur bei Kondolenz- oder Gratulationsfällen statt, zu denen die jungen Töchter des Hauses selten mitgenommen wurden. Die Vormittage und auch viele der Abendstunden blieben ganz ungestört dem gewohnten häuslichen Leben. …

Alles, im häuslichen wie im geselligen Leben, gestaltete sich weit abweichend von dem jetzt Üblichen, auch die höchste Jugendfreude, der Tanz; schwerlich würde eine unsrer jetzigen eleganten Tänzerinnen den langweiligen Vandalismus eines damaligen Balles länger als eine Stunde ertragen, und gewiss schenken alle dem Andenken ihrer längst im Grabe ruhenden Großmütter noch jetzt ihr innigstes Mitleid, wenn sie erfahren, dass damals keine tanzende Seele bei uns weder an Walzer noch Dreher, noch Galoppade dachte. Diese Tänze gehören dem südlichen Deutschland an und hatten bis zu dem eisigen Gestade der Ostsee und der Weichsel noch nicht den Weg gefunden. Unsere nordischen Volkstänze waren die Polonaise und der Masurek und sind es noch bis auf den heutigen Tag.

Wie jetzt eben auch noch, eröffnete die Polonaise damals den Ball. Doch welch ein Unterschied zwischen jenem großartig edlen, jeden Vorzug einer schönen Gestalt im anmutigsten Fortschreiten entwickelnden Tanz und dem jetzigen nachlässig-bequemen Einherschlendern, das man sehr unverdienterweise mit seinem Namen beehrt! Damals wurde die Polonaise mit einem ihr eigentümlichen pas wirklich getanzt, nicht bloß gegangen, um recht zu verstehen, wie ich dies meine, muss man von Polinnen sie tanzen, von Polen ihre mannigfaltigen Wendungen anführen gesehen haben, die dem eben vorhandenen Raum anzupassen dem Vortänzer allemal überlassen blieb.

Der Polonaise folgte die Anglaise; die Schleppen, die bei jenem feierlichen Nationaltanz am Boden hin rauschten, wurden von den sorgsamen Mamas zierlich aufgeschürzt, und alles eilte, dem ersten Paare so nahe als möglich in Reihe und Glied sich zu stellen. Durch eine Kolonne von zwanzig bis dreißig Paaren sechs, acht, sogar zwölf Touren mit jedem einzelnen derselben durchzutanzen, dann stehen zu bleiben, bis auch das letzte der Paare das erste geworden, und wieder bis ans Ende der Kolonne auf die nämliche Weise sich hindurchgewunden hatte, war freilich ein großes Unternehmen.

Masureks, Anglaisen, Deutsche, Quadrillen, zuweilen von einer Polonaise unterbrochen, folgten nun schnell aufeinander, bis Menuetts die große Pause vorbereiteten, welche das sehr reichliche warme Abendessen herbeiführte, das weder Alt noch Jung verschmähte; denn kalte Küche war nicht die Sache jener Generation, die überall dem Soliden den Vorzug gab und eben so wenig ihrer Gesundheit als ihres guten Appetits sich schämte. Nach Tisch wurde der Tanz mit erneuerten Kräften auf die nämliche Weise fortgesetzt, gewöhnlich bis der grauende Morgen durch die Fenster hineinleuchtete.

Kein Walzer, kein Galopp, und was beinahe noch mehr sagen will, kein Cotillon! Denn diese große Geduldsprüfung der Mütter tanzfähiger Töchter war damals ebenfalls noch nicht erfunden. »Ach was war die alte Welt für eine dumme Welt!«, ruft hier gewiss die jetzige junge, und doch erhob damals ein solcher Ball uns alle auf den Gipfel irdischer Seligkeit, die wenigen Bedauernswerten ausgenommen, denen das harte Los fiel, in unerwünschter Ruhe Zuschauerinnen bleiben zu müssen.

So tanzte und flatterte ich denn eine Weile zwischen Scherz und Ernst durchs Leben, ehe dieses nur zu bald mit seinen bedeutenderen Anforderungen auf mich eindrang. Nicht immer habe ich gelacht, ich habe auch Tränen gekannt, damals, als das Herz auch in meiner Brust erwachte, wie es im Frühling des Lebens in der Brust der Bauerntochter wie in der der Fürstentochter erwacht.

Arthur Schnitzler

Jugend in Wien

Zum ersten Gedicht begeisterte mich ein Erlebnis, dessen Inhalt aus meinen Versen ohne weiters zu entnehmen ist, sodass ich diese, zumal es meine ersten sind, als Chronist, keineswegs, wie man gleich merken wird, aus Eitelkeit hierhersetzen will. Sie lauten: »Figaros Hochzeit ist vorbei – Doch immer noch hört man Arthurs Geschrei – Er hat verloren seinen Hut – Mama ist außer sich vor Wut. – Doch endlich findet er ihn – Und bald liegt er ruhig im Bette drin.« Es erscheint begreiflich, dass der Erfolg dieses Poems, als ich es neben einem andern, ernsthafteren, »Sardanapal« betitelt, meinen israelitischen Kollegen vortrug, während die Katholiken Religionsstunde hatten, vieles zu wünschen übrig ließ; und ich sollte die ersten Regungen von Schriftstellerneid kennenlernen, als gleich nach mir ein Kamerad mit selbstverfassten heiteren Gedichten erheblich größeren Anklang fand. Bald gelang es mir, meinen Misserfolg vor dem gleichen Publikum durch Verlesung von Spottversen auf einzelne meiner Mitschüler wettzumachen. …

Mein dreizehnter Geburtstag wurde zwar ohne jedes rituelle Gepränge, aber durch besonders zahlreiche und schöne Geschenke gefeiert, die ich von Eltern, Großeltern und anderen Verwandten erhielt – die Klassiker in schönen Einbänden, eine goldene Uhr, einige Dukaten; ich aber, wohl wissend, was ich meinem Dichterberuf schuldig war, ermangelte nicht, auch meinerseits mich durch ein humoristisches Heldengedicht in Hexametern, auf zehn Gesänge berechnet und »Barmitzwe« betitelt, dankbar zu erweisen –

eine umso echtere Dankbarkeit, als ich darauf verzichtete, die paar Verse, die ich zustande brachte, meinen edlen Spendern zur Kenntnis zu bringen.

Hier aber, an der Wende zwischen Unter- und Obergymnasium, an der Schwelle der späteren Knabenjahre, die bei früher reifenden Naturen fast schon als die ersten Jünglingsjahre zu bezeichnen sind, muss ich einer unvergesslichen und bedeutungsvollen, zeitlich vielleicht etwas weiter zurückliegenden Stunde gedenken, in der ich des Begriffs Tod zum ersten Mal mit ahnendem Schauer innewurde. Es war eine Nacht, in der ich, entweder plötzlich erwacht oder noch nicht eingeschlafen, in einem aus der Tiefe meiner Seele aufsteigenden Grauen vor dem Sterbenmüssen, das mir zum ersten Mal in seiner ganzen Unentrinnbarkeit zum Bewusstsein kam, laut zu weinen begann; in der Absicht, die Eltern aufzuwecken, die im Nebenzimmer schliefen. Es dauerte auch nicht lange, bis der Papa an mein Diwanbett trat, mich besorgt fragte, was mir fehle, sich zu mir setzte und mir zärtlich über Stirn und Haare strich. Ich schluchzte noch eine Weile still weiter, verriet mit keiner Silbe, was mich so heftig erschüttert hatte, und als der Papa sich nach einigen guten Worten entfernt hatte, schlief ich beruhigt wieder ein. – Ein Anfall von gleicher Heftigkeit hat sich niemals wiederholt. Doch ungefähr in der gleichen Epoche trug ein anderes Erlebnis sich zu, in dem die unbewussten Elemente meines Wesens wie von etwas Rätselhaftem berührt wurden. Mitten in der Nacht stand ich einmal im Halbschlaf von meinem Lager auf und begab mich durch das Schlafgemach der Eltern ins Speisezimmer, wo ich meinen Bruder im Nachthemd am Tische sitzend zu sehen mir einbildete. Als mein Vater, der mir gefolgt war, mich gänzlich erweckte, wusste ich auch schon, dass mich nur ein Mondstrahl in jenes entfernte Zimmer gelockt hatte, der durchs Fenster über Tisch und Sessel auf den Fußboden fiel. Obzwar sich ein Zufall dieser Art, soweit ich mir selbst davon Rechenschaft zu geben vermag, niemals mehr wiederholte, schmeichelte ich mir doch geraume Zeit mit der Einbildung, mondsüchtig zu sein.

Man stelle sich einen Menschen vor, der unversehens in eine Maskenleihanstalt geriete: ringsherum an den Wänden, in offenen Schränken, auf Kleiderstöcken hängen Gewänder mit schlappen Ärmeln, Mäntel ohne Inhalt; papierene Larven starren mit leeren Augen und zwischen den offenen, rotgeschminkten Lippen gähnen Löcher; es ist eine bunt phantastische, aber tote Welt. Allmählich jedoch regt sich ein oder der andere Ärmel, der eben erst nichts zu enthalten schien als Luft, fingernde Hände strecken sich entgegen, ein Mantel bläht sich, wie wenn eine atmende Brust ihn schwellte, aus der leeren Augenöffnung einer Larve schimmert ein Blick, die Lippen beginnen zu lächeln oder zu grinsen, und was bisher hohle Gewandung oder bemalter Pappendeckel schien, erweist sich als atmend, schauend und bewegt. Es wäre das seltsamste Abenteuer, und doch ist es vergleichsweise nichts anderes als was ahnungsvoll und gefasst der Knabe erlebt, wenn ihm hinter den Worten, soweit sie etwas Begriffliches bezeichnen, hinter Worten, die er hundert Mal gehört, gelesen, ausgesprochen, niedergeschrieben und zu verstehen geglaubt hat, zum ersten Mal ihr eigentlicher Sinn aufzuglänzen beginnt. Nicht mehr zwischen Larven und Gewändern wandelt er dumpf einher, das Leben selbst dringt und funkelt auf ihn ein; und auch, wo es sich noch nicht kundgetan, ist er der wundersamsten Überraschung in jedem Augenblick gewärtig.

Wie zum ersten Mal in einer schlaflosen Nachtstunde das Wort Tod aus seiner Buchstabenstarrheit für mich erwachte, habe ich eben erzählt; nicht viel später, wie leicht zu denken, sollte mir mit dem Wort Liebe das gleiche begegnen.

Uns gegenüber, ein Stockwerk höher als wir, auf der anderen Seite der Eschenbachgasse, die zwischen Opern- und Burgring mündet, wohnte im Jahre 1875 ein Kaufmann oder Börsianer mit Frau, vier oder fünf Söhnen und einer einzigen Tochter. So war man einander von Angesicht zu Angesicht schon lang nicht mehr fremd, als eines frühen Sommertags die förmliche Vorstellung erfolgte, im Volksgarten, wo Fanny mit ihrem jüngsten Bruder, dem dreijährigen Fritz, und ich mit »Fräulein«, Geschwistern, Schulkollegen zu lustwandeln pflegten. Schon in unserer ersten Unterhaltung ergab es sich, dass wir beide kurz vorher, und zwar am gleichen Tag, dem 15. Mai, unseren dreizehnten Geburtstag gefeiert hatten; und diesem Schicksalszeichen gehorsam, beschlossen wir, uns unverzüglich ineinander zu verlieben. Spaziergänge in den grünenden Alleen des Volksgartens, Versicherungen gegenseitiger Zuneigung, Händedrücke, Blicke und andere Verständigungszeichen von Fenster zu Fenster, auch naivster Art – so stellte ich mich einmal auf einen Stuhl, um der Angebeteten meine ersten langen Beinkleider vorzuweisen –, das waren die unschuldigen Äußerungen unserer Seelenregungen; aber so harmlos die Beziehung sich auch anließ und weiterspann, die Eltern hüben und drüben zeigten sich höchst ungehalten; und einmal trat ich gerade ins Zimmer, als die meinen sich über die Notwendigkeit besprachen, sich mit denen Fannys ins Einvernehmen zu setzen, damit insbesondere der skandalösen Fenstertelegraphie ein Ende gemacht werde, die wir unter Verwendung von Fensterpolstern und brennenden Kerzen zu hoher Vollendung ausgebildet hatten. Aber es bedurfte gar keiner besonderen Maßregeln; schon im Herbst desselben Jahres zogen unsere Nachbarn aus; und da weder meiner Liebsten noch mir viel Freiheit vergönnt war, blieb mir nichts übrig, als manchmal nach der Schule in der Nähe ihrer neuen Wohnung auf der Wieden, einen glücklichen Zufall erhoffend, umherzustreifen. Er wollte sich nicht einstellen; erst als das Frühjahr wiederkam, traf ich an schönen Abenden ziemlich regelmäßig im Volksgarten mit Fännchen zusammen, wenn ich nicht gezwungen war, an den ärztlichen Landfahrten meines Vaters teilzunehmen, die mich nun immer mehr in Verzweiflung brachten. Briefe wurden gewechselt, es gab Liebesversicherungen und Liebeszwiste; und da Freunden und Freundinnen, Vertrauten und Missgünstigen die üblichen Nebenrollen zugeteilt waren, mangelte es auch nicht an Zwischenträgereien, Eifersüchteleien mit nachfolgender Versöhnung; kurz, es war die echte und rechte Jugendliebe, wie man sie sich als vierzehnjähriger Gymnasiast und gar als Dichter schuldig zu sein glaubte, nur dass ihr leider das Beste fehlte, wovon ein zu dieser Zeit verfasstes, sauersüßes Gedicht, das mit den Worten anhebt: »Kein einz'ges kleines Küsschen noch von ihrem rosigen Munde« ... ein ziemlich beschämendes Zeugnis ablegt.

Jean Paul

Selberlebensbeschreibung

Wie früher dem Kirchenstuhl gegenüber, so konnt' ich nicht anders als zur erhöhten Schulbank hinauf – denn sie saß ganz oben, die Katharina Bärin – mich verlieben, in ihr niedliches rundes rotes blatternarbiges Gesichtchen mit blitzenden Augen und in ihre artige Hastigkeit, womit sie sprach und davonlief. Am Schulkarneval, das den ganzen Fastnachtvormittag einnahm und in Tänzen und Spielen bestand, hatt' ich die Freude, mit ihr den unregelmäßigen Hopstanz zu machen und so dem regelrechten gleichsam vorzuarbeiten und vorzutanzen. Ja bei dem Spiele »wie gefällt dir dein Nachbar« – wo man auf das Bejahen des Gefallens zu küssen befehligt wird und auf das Verneinen einem Hergerufnen unter einigen Ritterschlägen des Klumpsackes laufend Platz zu machen hat – trug ich letzte häufig neben ihr davon; eine Goldschlägerei, durch die meine Liebe wie das edelste Metall größer wurde, und ein unterhaltendes Abwechseln, wie sie mir immer den Hof verbot und ich sie immer an den Hof rief, waltete ob.

Alle diese böslichen Verlassungen konnten mir die Seligkeit nicht abschneiden, ihr täglich zu begegnen, wenn sie mit ihrem schneeweißen Schürzchen und Häubchen über die lange Brücke dem Pfarrhause entgegenlief, aus dessen Fenster ich schaute. Sie freilich zu erwischen, um ihr etwas Süßes nicht sowohl zu sagen, als zu geben, z.B. einen Mundvoll Obst – dies war ich, so schnell ich auch durch den Pfarrhof eine kleine Treppe hinablief, um die Vorbeilaufende unten im Fluge zu empfangen, meines Wissens nie imstande. Aber ich genoss genug, dass ich sie vom Fenster aus auf der Brücke lieben konnte, was, hoff' ich, für mich nahe genug war, da ich gewöhnlich immer hinter langen Seh- und Hörröhren mit meinem Herzen und Munde stand. Ferne schadet der rechten Liebe weniger als Nähe. Wäre mir auf der Venus eine Venus zu Gesicht gekommen: ich hätte das himmlische Wesen mit seinen in solcher Ferne so sehr bezaubernden Reizen warm geliebt und es ohne Umstände zu meinem Morgen- und Abendstern erwählt zum Verehren.

Inzwischen hab' ich das Vergnügen, alle, welche in Schwarzenbach bloß ein wiederholtes Joditz der Liebe erwarten, aus ihrem Irrtum zu ziehen und ihnen zu melden, dass ich es zu etwas brachte. An einem Winterabende, wo ich meine Prinzessinsteuer von Süßigkeiten schon vorrätig hatte, der gewöhnlich nur die Einnehmerin fehlte, beredete der Pfarrsohn, der unter allen meinen Schulkameraden der schlechteste war, mich zum verbotenen Wagstücke, während ein Besuch des Kaplans meinen Vater beschäftigte, im Finstern das Pfarrhaus zu verlassen, die Brücke zu passieren und geradezu (was ich noch nie gewagt) in das Haus, wo die Geliebte mit ihrer armen Mutter oben in einem Eckzimmerchen wohnte, zu marschieren und unten in eine Art von Schenkstube einzudringen. Ob Katharina aber zufällig da war und wieder hinaufging, oder ob sie der Schelm mit seiner Bedientenanlage unter einem Vorwande herunterlockte, auf die Mitte der Treppe; oder kurz, wie es dahin kam, dass ich sie auf der Mitte fand: dies ist mir alles nur zu einer träumerischen Erinnerung auseinandergeronnen; denn eine plötzlich aufblitzende Gegenwart verdunkelt dem Erinnern alles, was hinter ihr ging. So stürmisch wie ein Räuber war ich zuerst der Geber meiner Essgeschenke, und dann drückt' ich – der ich in Joditz nie in den Himmel des ersten Kusses kommen konnte und der nie die geliebte Hand berühren durfte – zum ersten Male ein lange geliebtes Wesen an Brust und Mund. Weiter wüsst' ich auch nichts zu sagen, es war eine Einzigperle von Minute, etwas, das nie da war, nie wiederkam; eine ganze sehnsüchtige Vergangenheit und Zukunft-Traum war in einen Augenblick zusammen eingepresst – und im Finstern hinter den geschlossnen Augen entfaltete sich das Feuerwerk des Lebens für *einen* Blick und war dahin. Aber ich hab' es doch nicht vergessen, das Unvergessliche.

Ich kehre wie eine Hellseherin aus dem Himmel auf die Erde zurück und bemerke nur, dass diesem zweiten Weihnachtfest der Ruprecht, da er ihm nicht vorlief, nachlief und ich nach Hause kommend schon unterwegs den Boten fand und zu Hause stark gescholten wurde über mein Auslaufen. Gewöhnlich fällt immer nach zu heißen Silberblicken der Glücksonne ein solcher Schloßen- und Schlackenguss. Was tat es mir? Mein Paradies war durch nichts zu ersäufen; denn blüht es nicht noch heute fort bis an diese Feder heran?

Es war, wie gesagt, der erste Kuss, und zugleich, wie ich glaube, der letzte dazu, wenn ich nicht absichtlich, da sie noch lebt, nach Schwarzenbach fahren und da einen zweiten geben will. Wie gewöhnlich nahm ich während meines ganzen Schwarzenbacher Lebens mit meiner telegraphischen Liebe vorlieb, welche noch dazu ohne einen antwortenden Telegraphen sich erhalten und beantworten musste.

Mascha Kaléko

Autobiographisches

Die sogenannte Goldne Kinderzeit,
nach der so viele von uns Heimweh haben,
hat mein Gedächtnis abgrundtief vergraben
und so von manchem Alpdruck mich befreit.
Was ich noch weiß aus jenen trüben Tagen,
ist nur Erinnerung an Hörensagen.

Ich war halb fünf, als ich zum ersten Mal
mich freiheitsuchend aus dem Hause stahl.
Schön wars allein im Walde, unter Sternen,
bis man mich fand, mit Fackeln und Laternen.
Der schnell versammelte Familienteetisch
fand diesen Ausflug keineswegs poetisch.

Die Pubertät, so hieß es, formt das Ich.
Wenn Mädchen diesen Wendepunkt erreichen,
sind ihre Augen große Fragezeichen,
ihr Mund ein schweigender Gedankenstrich.
Es scheint, ich stand in zartem Alter schon
im Zeichen solcher »Interpunktion«.

Ein Schulkind noch, war ich latent verliebt
in jenen einen, den es gar nicht gibt.
Ob Dichterjüngling, Bühnenheld - bei Licht
ergab sichs jedes Mal: Dies war er nicht!
Und doch, mein Herz, das Werkzeug dunkler Triebe,
war stets verliebt. Wenn auch nur in die Liebe.

Mit siebzehn ein geschworner Pessimist,
verschlang ich Weininger und Schopenhauer.
Sprach wie Kassandra. Schwieg wie ein Trappist.
Und fand das Dasein vorschriftsmäßig sauer.
Aus purem Trotz nahm ich mir nicht das Leben.
Denn seliger als Nehmen schien das Geben!
Wies weiterging, das mag wer will erfahren
dereinst aus meines Kindes Memoiren.

Elias Canetti

Die gerettete Zunge

Es war die Zeit, als das Brot gelb und schwarz wurde, mit Beimischungen von Mais und anderen, weniger guten Dingen. Man musste sich anstellen vor den Lebensmittelgeschäften, auch wir Kinder wurden hingeschickt, so kam ein wenig mehr zusammen. Die Mutter begann das Leben schwieriger zu finden. Gegen Ende des Winters kam ihr Zusammenbruch. Ich weiß nicht, was ihre Krankheit damals war, aber sie lag lange Wochen in einem Sanatorium nieder und erholte sich nur langsam. Anfangs durfte ich sie nicht einmal besuchen, doch allmählich wurde es besser und ich fand mich mit Blumen in ihrem Sanatorium auf der Elisabethpromenade ein. Da sah ich dann zum ersten Mal ihren Arzt, den Direktor der Anstalt, bei ihr, einen Mann mit einem dichten schwarzen Bart, der medizinische Bücher geschrieben hatte und Dozent an der Wiener Universität war. Er betrachtete mich mit zuckriger Freundlichkeit aus halbgeschlossenen Augen und sagte: »Also das ist ja der große Shakespeare-Kenner! Und Kristalle sammelt er auch. Von dir hab ich schon viel gehört. Deine Mama redet immer über dich. Du bist schon weit für dein Alter.«

Die Mutter hatte zu ihm über mich gesprochen! Er wusste alles über die Sachen, die wir zusammen lasen. Er *lobte* mich. Die Mutter lobte mich nie. Ich misstraute seinem Bart und wich ihm aus. Ich fürchtete, er könne mich einmal mit dem Bart *streifen* und dann würde ich mich auf der Stelle in einen Sklaven verwandeln, der ihm alles zutragen müsste. Der Ton seiner Stimme, die ein wenig durch die Nase ging, war wie von Lebertran. Er wollte mir die Hand auf den Kopf legen, vielleicht um mich mit ihr zu loben. Aber ich wich ihr aus, indem ich mich blitzrasch duckte und er schien ein wenig betroffen. »Ein stolzer Junge, den Sie da haben, gnädige Frau, lässt sich nur von Ihnen anrühren!« Dieses Wort »anrühren« ist mir im Sinn geblieben, es hat mich zu meinem Hass gegen ihn bestimmt, einem Hass, wie ich ihn noch nie gekannt hatte. Er tat mir nichts, aber er schmeichelte mir und suchte mich zu gewinnen. Er tat das von nun an mit erfinderischer Zähigkeit, er dachte sich Geschenke aus, mit denen er mich zu überrumpeln suchte, und wie hätte er annehmen sollen, dass der Wille eines noch nicht elfjährigen Kindes dem seinen nicht nur ebenbürtig war, sondern stärker.

Denn er bemühte sich sehr um meine Mutter, sie hatte eine tiefe Neigung in ihm geweckt, wie er ihr sagte – aber das erfuhr ich erst später –, die tiefste seines Lebens. Er wollte sich um ihretwillen von seiner Frau scheiden lassen. Er werde sich der drei Kinder annehmen und ihr bei ihrer Erziehung helfen. Alle drei könnten an der Wiener Universität studieren, der älteste solle aber auf alle Fälle Mediziner werden, und wenn er Lust habe, könne er auch später sein Sanatorium übernehmen. Die Mutter war nicht mehr offen zu mir, sie hütete sich, mir das alles zu sagen, sie wusste, dass es mich *vernichtet hätte.* Ich hatte das Gefühl, dass sie zu lange im Sanatorium blieb, er wollte sie nicht weglassen. »Du bist doch schon ganz gesund«, sagte ich ihr bei jedem Besuch. »Komm nach Haus und ich werde dich pflegen.« Sie lächelte, ich sprach, als wäre ich erwachsen, ein Mann und gar ein Arzt dazu, der alles wisse, was zu tun sei. Am liebsten hätte ich sie aus dem Sanatorium getragen, auf meinen eigenen Armen. »Eines Nachts komm ich dich rauben«, sagte ich. »Es ist aber zugesperrt unten, du kommst nicht herein. Du musst schon warten, bis der Arzt mir erlaubt, nach Hause zu gehen. Jetzt dauert es nicht mehr lange.«

Als sie nach Hause zurückkam, wurde vieles anders. Der Herr Dozent verschwand nicht aus unserem Leben, er kam sie besuchen, er kam zum Tee. Er brachte mir jedes Mal ein Geschenk, das ich dann gleich, kaum war er aus der Wohnung, wegwarf. Kein einziges Geschenk von ihm habe ich länger als für die Dauer seines Besuchs behalten, und es gab Bücher darunter, die ich für mein Leben gern gelesen hätte, und wunderbare Kristalle, die in meiner Sammlung fehlten. Er wusste schon, was er mir schenkte, denn kaum hatte ich begonnen, von einem Buch zu sprechen, das mich lockte, so war es auch schon da, aus seinen Händen legte es sich auf den Tisch in unserem Kinderzimmer, und es war, als sei ein Mehltau auf das Buch gefallen – nicht nur warf ich es dann fort und musste, was gar nicht so leicht war, die richtigen Orte dafür finden –, ich habe auch später das Buch mit diesem Titel nie gelesen.

Damals setzte die Eifersucht ein, die mich mein Leben lang gequält hat, und die Gewalt, mit der sie mich überkam, hat mich für immer geprägt. Sie wurde zu meiner eigentlichen Leidenschaft, die sich um Überzeugungen und besseres Wissen nicht im Geringsten scherte.

»Heute kommt der Herr Dozent zum Tee«, sagte die Mutter mittags beim Essen, was sonst bei uns einfach ›Jause‹ hieß, für ihn hieß es ›Tee‹. Ihr Tee, so hatte er ihr eingeredet, war der beste in Wien, sie verstand sich darauf noch von ihrer englischen Zeit her, und während alle ihre Vorräte im Krieg auf nichts zusammengeschmolzen waren, hatte sie wie durch ein Wunder noch genug Tee im Haus. Ich fragte sie, was sie tun würde, wenn der Tee zu Ende sei, sie sagte, er sei noch lange nicht zu Ende. »Wie lange noch? Wie lange noch?« »Er reicht noch für ein, zwei Jahre.« Sie wusste, wie mir zumute war, aber sie ertrug keine Kontrolle, vielleicht übertrieb sie, um mir das Fragen abzugewöhnen, denn sie lehnte es schroff ab, mir die Vorräte an Tee zu *zeigen*.

Der Herr Dozent bestand darauf, mich bei seiner Ankunft zu begrüßen und er durfte, kaum hatte er der Mutter die Hand geküsst, das Kinderzimmer betreten, in dem ich ihn erwartete. Er begrüßte mich immer mit einer Schmeichelei und packte sein Geschenk aus. Ich sah es fest an, um es gleich genug zu hassen und sagte tückisch: »Danke.« Zu einem Gespräch kam es nicht, der Tee, der auf dem Balkon des Nebenzimmers serviert wurde, wartete, auch wollte er mich in der Beschäftigung mit dem Geschenk nicht stören. Er war überzeugt davon, dass er das Richtige brachte, jedes Haar in seinem schwarzen Bart glänzte. Er fragte: »Was wünschst du dir von mir, wenn ich das nächste Mal komme?« Da ich schwieg, gab er sich selber die Antwort und sagte: »Ich finde es schon heraus, ich hab so meine Methoden.« Ich wusste, was er meinte, er würde die Mutter fragen, und obwohl es mein größter Schmerz war, dass sie's ihm sagen würde, hatte ich jetzt an Wichtigeres zu denken, denn die Zeit zum Handeln war gekommen. Kaum hatte die Tür sich hinter ihm geschlossen, als ich das Geschenk in größter Eile packte und unter den Tisch tat, wo ich es nicht mehr sehen konnte. Dann holte ich einen Stuhl, zog ihn zum Fenster, kniete mich auf das Strohgeflecht des Sitzes nieder und beugte mich, so weit es ging, zum Fenster hinaus.

Denn zu meiner Linken, gar nicht weit von mir entfernt, konnte ich den Herrn Dozenten sehen, wie er unter allerhand Höflichkeiten auf dem Balkon Platz nahm. Er wandte mir den Rücken zu, auf der anderen, entfernteren Seite des Balkons, der einen Bogen bildete, saß die Mutter. Das *wusste* ich aber nur, ich konnte sie nicht sehen, und ebenso wenig wie sie den Teetisch, der zwischen ihnen stand. Aus seinen Bewegungen musste ich alles erraten, was auf dem Balkon vorging. Er hatte eine beschwörende Art, sich vorzuneigen, wobei er sich, der Krümmung des Balkons wegen, leicht nach links wandte, dann sah ich seinen Bart, den Gegenstand auf der Welt, den ich am tiefsten hasste und ich sah auch, wie er die linke Hand in die Höhe hob und die Finger elegant beteuernd spreizte. Ich wusste immer, wann er einen Schluck Tee nahm und dachte mit Ekel daran, wie er ihn jetzt lobte – er lobte alles, was mit der Mutter zusammenhing. Ich fürchtete, dass er ihr, die sehr schwer zu gewinnen war, durch Schmeicheleien in ihrem von der Krankheit geschwächten Zustand den Kopf verdrehe. Vieles, wovon ich gelesen hatte, das gar nicht in mein Leben passen wollte, wandte ich jetzt auf ihn und sie an und hatte für alles, was ich fürchtete, Worte wie ein Großer.

Ich wusste nicht, was zwischen Mann und Frau geschieht, doch wachte ich darüber, dass nichts geschehe. Wenn er sich zu weit vorbeugte, dachte ich, er wolle sie küssen, obwohl das, schon wegen der Stellung des Teetisches zwischen ihnen, ganz unmöglich gewesen wäre. Von seinen Worten und Sätzen verstand ich nichts, das einzige, was ich zu hören vermeinte, war, selten genug, ein »Aber verehrteste Gnädigste!« Es klang nachhaltig und protestierend, als habe sie ihm ein Unrecht getan und ich freute mich darüber. Am schlimmsten war es, wenn er lange nichts sagte, dann wusste ich, dass sie ihm etwas Längeres erzählte und nahm an, sie sprächen über mich. Dann wünschte ich, dass der Balkon einstürze und er unten auf dem Pflaster zerschmettert liegen bleibe. Es fiel mir nicht ein – vielleicht weil ich sie nicht sah –, dass sie ja mit ihm abgestürzt wäre. Nur was ich sehen konnte, er, nur er, sollte abstürzen. Ich stellte mir vor, wie er unten lag und die Polizei mich fragen kam. »Ich habe ihn heruntergestürzt«, würde ich sagen, »er hat meiner Mutter die Hand geküsst.«

Er blieb etwa eine Stunde zum Tee, mir kam's viel länger vor, ich kauerte hartnäckig auf meinem Stuhl und ließ ihn keinen Augenblick aus den Augen. Sobald er aufstand, sprang ich vom Stuhl herunter, stellte ihn wieder an den Tisch zurück, holte das Geschenk von unten herauf, legte es genau dorthin, wo er's ursprünglich ausgepackt hatte und öffnete die Tür zum Vorzimmer. Da stand er schon, küsste der Mutter die Hand, nahm Handschuhe, Stock und Hut wieder an sich, winkte mir zum Abschied zu, nachdenklicher und nicht so beflissen wie bei seiner Ankunft. Immerhin war er inzwischen abgestürzt und konnte von Glück reden, dass er wieder auf seinen Beinen ging. Er verschwand und ich lief an mein Fenster: da sah ich ihm nach, wie er die kurze Josef-Gall-Gasse bis zu Ende ging und um die Ecke zum Schüttel meinen Blicken entschwand.

Franz Kafka

Brief an den Vater

Liebster Vater,
Du hast mich letzthin einmal gefragt, warum ich behaupte, ich hätte Furcht vor Dir. Ich wusste Dir, wie gewöhnlich, nichts zu antworten, zum Teil eben aus der Furcht, die ich vor Dir habe, zum Teil deshalb, weil zur Begründung dieser Furcht zu viele Einzelheiten gehören, als dass ich sie im Reden halbwegs zusammenhalten könnte. Und wenn ich hier versuche, Dir schriftlich zu antworten, so wird es doch nur sehr unvollständig sein, weil auch im Schreiben die Furcht und ihre Folgen mich Dir gegenüber behindern und weil die Größe des Stoffs über mein Gedächtnis und meinen Verstand weit hinausgeht. …

Ich war ein ängstliches Kind; trotzdem war ich gewiss auch störrisch, wie Kinder sind; gewiss verwöhnte mich die Mutter auch, aber ich kann nicht glauben, dass ich besonders schwer lenkbar war, ich kann nicht glauben, dass ein freundliches Wort, ein stilles Bei-der-Hand-Nehmen, ein guter Blick mir nicht alles hätten abfordern können, was man wollte. Nun bist Du ja im Grunde ein gütiger und weicher Mensch (das Folgende wird dem nicht widersprechen, ich rede ja nur von der Erscheinung, in der Du auf das Kind wirktest), aber nicht jedes Kind hat die Ausdauer und Unerschrockenheit, so lange zu suchen, bis es zu der Güte kommt. Du kannst ein Kind nur so behandeln, wie Du eben selbst geschaffen bist, mit Kraft, Lärm und Jähzorn, und in diesem Falle schien Dir das auch noch überdies deshalb sehr gut geeignet, weil Du einen kräftigen mutigen Jungen in mir aufziehen wolltest.

Deine Erziehungsmittel in den allerersten Jahren kann ich heute natürlich nicht unmittelbar beschreiben, aber ich kann sie mir etwa vorstellen durch Rückschluss aus den späteren Jahren und aus Deiner Behandlung des Felix. Hiebei kommt verschärfend in Betracht, dass Du damals jünger, daher frischer, wilder, ursprünglicher, noch unbekümmerter warst als heute und dass Du außerdem ganz an das Geschäft gebunden warst, kaum einmal des Tages Dich mir zeigen konntest und deshalb einen umso tieferen Eindruck auf mich machtest, der sich kaum je zur Gewöhnung verflachte.

Direkt erinnere ich mich nur an einen Vorfall aus den ersten Jahren. Du erinnerst Dich vielleicht auch daran. Ich winselte einmal in der Nacht immerfort um Wasser, gewiss nicht aus Durst, sondern wahrscheinlich teils um zu ärgern, teils um mich zu unterhalten. Nachdem einige starke Drohungen nicht geholfen hatten, nahmst Du mich aus dem Bett, trugst mich auf die Pawlatsche und ließest mich dort allein vor der geschlossenen Tür ein Weilchen im Hemd stehn. Ich will nicht sagen, dass das unrichtig war, vielleicht war damals die Nachtruhe auf andere Weise wirklich nicht zu verschaffen, ich will aber damit Deine Erziehungsmittel und ihre Wirkung auf mich charakterisieren. Ich war damals nachher wohl schon folgsam, aber ich hatte einen inneren Schaden davon. Das für mich Selbstverständliche des sinnlosen Ums-Wasser-Bittens und das außerordentlich Schreckliche des Hinausgetragenwerdens konnte ich meiner Natur nach niemals in die richtige Verbindung bringen. Noch nach Jahren litt ich unter der quälenden

Vorstellung, dass der riesige Mann, mein Vater, die letzte Instanz, fast ohne Grund kommen und mich in der Nacht aus dem Bett auf die Pawlatsche tragen konnte und dass ich also ein solches Nichts für ihn war.

Das war damals ein kleiner Anfang nur, aber dieses mich oft beherrschende Gefühl der Nichtigkeit (ein in anderer Hinsicht allerdings auch edles und fruchtbares Gefühl) stammt vielfach von Deinem Einfluss. Ich hätte ein wenig Aufmunterung, ein wenig Freundlichkeit, ein wenig Offenhalten meines Wegs gebraucht, stattdessen verstelltest Du mir ihn, in der guten Absicht freilich, dass ich einen anderen Weg gehen sollte. Aber dazu taugte ich nicht. Du muntertest mich zum Beispiel auf, wenn ich gut salutierte und marschierte, aber ich war kein künftiger Soldat, oder Du muntertest mich auf, wenn ich kräftig essen oder sogar Bier dazu trinken konnte, oder wenn ich unverstandene Lieder nachsingen oder Deine Lieblingsredensarten Dir nachplappern konnte, aber nichts davon gehörte zu meiner Zukunft. Und es ist bezeichnend, dass Du selbst heute mich nur dann eigentlich in etwas aufmunterst, wenn Du selbst in Mitleidenschaft gezogen bist, wenn es sich um Dein Selbstgefühl handelt, das ich verletze (zum Beispiel durch meine Heiratsabsicht) oder das in mir verletzt wird (wenn zum Beispiel Pepa mich beschimpft). Dann werde ich aufgemuntert, an meinen Wert erinnert, auf die Partien hingewiesen, die ich zu machen berechtigt wäre und Pepa wird vollständig verurteilt. Aber abgesehen davon, dass ich für Aufmunterung in meinem jetzigen Alter schon fast unzugänglich bin, was würde sie mir auch helfen, wenn sie nur dann eintritt, wo es nicht in erster Reihe um mich geht.

Damals und damals überall hätte ich die Aufmunterung gebraucht. Ich war ja schon niedergedrückt durch Deine bloße Körperlichkeit. Ich erinnere mich zum Beispiel daran, wie wir uns öfters zusammen in einer Kabine auszogen. Ich mager, schwach, schmal, Du stark, groß, breit. Schon in der Kabine kam ich mir jämmerlich vor, und zwar nicht nur vor Dir, sondern vor der ganzen Welt, denn Du warst für mich das Maß aller Dinge. Traten wir dann aber aus der Kabine vor die Leute hinaus, ich an Deiner Hand, ein kleines Gerippe, unsicher, bloßfüßig auf den Planken, in Angst vor dem Wasser, unfähig Deine Schwimmbewegungen nachzumachen, die Du mir in guter Absicht, aber tatsächlich zu meiner tiefen Beschämung immerfort vormachtest, dann war ich sehr verzweifelt und alle meine schlimmen Erfahrungen auf allen Gebieten stimmten in solchen Augenblicken großartig zusammen. Am wohlsten war mir noch, wenn Du Dich manchmal zuerst auszogst und ich allein in der Kabine bleiben und die Schande des öffentlichen Auftretens so lange hinauszögern konnte, bis Du endlich nachschauen kamst und mich aus der Kabine triebst. Dankbar war ich Dir dafür, dass Du meine Not nicht zu bemerken schienest, auch war ich stolz auf den Körper meines Vaters. Übrigens besteht zwischen uns dieser Unterschied heute noch ähnlich.

Dem entsprach weiter Deine geistige Oberherrschaft. Du hattest Dich allein durch eigene Kraft so hoch hinaufgearbeitet, infolgedessen hattest Du unbeschränktes Vertrauen zu Deiner Meinung. Das war für mich als Kind nicht einmal so blendend wie später für den heranwachsenden jungen Menschen. In Deinem Lehnstuhl regiertest Du die Welt. Deine Meinung war richtig, jede andere war verrückt, überspannt, meschugge, nicht normal. Dabei war Dein Selbstvertrauen so groß, dass Du gar nicht konsequent sein musstest und doch nicht aufhörtest recht zu haben. Es konnte auch vorkommen, dass Du in einer Sache gar keine Meinung hattest und infolgedessen alle Meinungen, die hinsichtlich der Sache überhaupt möglich waren, ohne Ausnahme falsch sein mussten. Du konntest zum Beispiel auf die Tschechen schimpfen, dann auf die Deutschen, dann auf die Juden, und zwar nicht nur in Auswahl, sondern in jeder Hinsicht, und schließlich blieb niemand mehr übrig außer Dir. Du bekamst für mich das Rätselhafte, das alle Tyrannen haben, deren Recht auf ihrer Person, nicht auf dem Denken begründet ist. Wenigstens schien es mir so.

Nun behieltest Du ja mir gegenüber tatsächlich erstaunlich oft recht, im Gespräch war das selbstverständlich, denn zum Gespräch kam es kaum, aber auch in Wirklichkeit. Doch war auch das nichts besonders Unbegreifliches: Ich stand ja in allem meinem Denken unter Deinem schweren Druck, auch in dem Denken, das nicht mit dem Deinen übereinstimmte und besonders in diesem. Alle diese von Dir scheinbar unabhängigen Gedanken waren von Anfang an belastet mit Deinem absprechenden Urteil; bis zur vollständigen und dauernden Ausführung des Gedankens das zu ertragen, war fast unmöglich. Ich rede hier nicht von irgendwelchen hohen Gedanken, sondern von jedem kleinen Unternehmen der Kinderzeit. Man musste nur über irgendeine Sache glücklich sein, von ihr erfüllt sein, nach Hause kommen und es aussprechen und die Antwort war ein ironisches Seufzen, ein Kopfschütteln, ein Fingerklopfen auf den Tisch: »Hab auch schon etwas Schöneres gesehn« oder »Mir gesagt Deine Sorgen« oder »ich hab keinen so geruhten Kopf« oder »Kauf Dir was dafür!« oder »Auch ein Ereignis!« Natürlich konnte man nicht für jede Kinderkleinigkeit Begeisterung von Dir verlangen, wenn Du in Sorge und Plage lebtest. Darum handelte es sich auch nicht. Es handelte sich vielmehr darum, dass Du solche Enttäuschungen dem Kinde immer und grundsätzlich bereiten musstest kraft Deines gegensätzlichen Wesens, weiter dass dieser Gegensatz durch Anhäufung des Materials sich unaufhörlich verstärkte, sodass er sich schließlich auch gewohnheitsmäßig geltend machte, wenn Du einmal der gleichen Meinung warst wie ich und dass endlich diese Enttäuschungen des Kindes nicht Enttäuschungen des gewöhnlichen Lebens waren, sondern, da es ja um Deine für alles maßgebende Person ging, im Kern trafen. Der Mut, die Entschlossenheit, die Zuversicht, die Freude an dem und jenem hielten nicht bis zum Ende aus, wenn Du dagegen warst oder schon wenn Deine Gegnerschaft bloß angenommen werden konnte; und angenommen konnte sie wohl bei fast allem werden, was ich tat.

Das bezog sich auf Gedanken so gut wie auf Menschen. Es genügte, dass ich an einem Menschen ein wenig Interesse hatte – es geschah ja infolge meines Wesens nicht sehr oft –, dass Du schon ohne jede Rücksicht auf mein Gefühl und ohne Achtung vor meinem Urteil mit Beschimpfung, Verleumdung, Entwürdigung dreinfuhrst. Unschuldige, kindliche Menschen wie zum Beispiel der jiddische Schauspieler Löwy mussten das büßen. Ohne ihn zu kennen, verglichst Du ihn in einer schrecklichen Weise, die ich schon vergessen habe, mit Ungeziefer, und wie so oft für Leute, die mir lieb waren, hattest Du automatisch das Sprichwort von den Hunden und Flöhen bei der Hand. An den Schauspieler erinnere ich mich hier besonders, weil ich Deine Aussprüche über ihn damals mir mit der Bemerkung notierte: »So spricht mein Vater über meinen Freund (den er gar nicht kennt) nur deshalb, weil er mein Freund ist. Das werde ich ihm immer entgegenhalten können, wenn er mir Mangel an kindlicher Liebe und Dankbarkeit vorwerfen wird.« Unverständlich war mir immer Deine vollständige Empfindungslosigkeit dafür, was für Leid und Schande Du mit Deinen Worten und Urteilen mir zufügen konntest, es war, als hättest Du keine Ahnung von Deiner Macht. Auch ich habe Dich sicher oft mit Worten gekränkt, aber dann wusste ich es immer, es schmerzte mich, aber ich konnte mich nicht beherrschen, das Wort nicht zurückhalten, ich bereute es schon, während ich es sagte. Du aber schlugst mit Deinen Worten ohne weiters los, niemand tat Dir leid, nicht währenddessen, nicht nachher, man war gegen Dich vollständig wehrlos.

Aber so war Deine ganze Erziehung. Du hast, glaube ich, ein Erziehungstalent; einem Menschen Deiner Art hättest Du durch Erziehung gewiss nützen können; er hätte die Vernünftigkeit dessen, was Du ihm sagtest, eingesehn, sich um nichts Weiteres gekümmert und die Sachen ruhig so ausgeführt. Für mich als Kind war aber alles, was Du mir zuriefst, geradezu Himmelsgebot, ich vergaß es nie, es blieb mir das wichtigste Mittel zur Beurteilung der Welt, vor allem zur Beurteilung Deiner selbst, und da versagtest Du vollständig. Da ich als Kind hauptsächlich beim Essen mit Dir beisammen war, war Dein Unterricht zum großen Teil Unterricht im richtigen Benehmen bei Tisch. Was auf den Tisch kam, musste aufgegessen, über die Güte des Essens durfte nicht gesprochen werden – Du aber fandest das Essen oft ungenießbar; nanntest es »das Fressen« – das »Vieh« (die Köchin) hatte es verdorben. Weil Du entsprechend Deinem kräftigen Hunger und Deiner besonderen Vorliebe alles schnell, heiß und in großen Bissen gegessen hast, musste sich das Kind beeilen, düstere Stille war bei Tisch, unterbrochen von Ermahnungen: »zuerst iss, dann sprich« oder »schneller, schneller, schneller« oder »siehst Du, ich habe schon längst aufgegessen«. Knochen durfte man nicht zerreißen, Du ja. Essig durfte man nicht schlürfen, Du ja. Die Hauptsache war, dass man das Brot gerade schnitt; dass Du das aber mit einem von Sauce triefenden Messer tatest, war gleichgültig. Man musste achtgeben, dass keine Speisereste auf den Boden fielen, unter Dir lag schließlich am meisten. Bei Tisch durfte man sich nur mit Essen beschäftigen, Du aber putztest und schnittest Dir die Nägel, spitztest Bleistifte, reinigtest mit dem Zahnstocher die Ohren. Bitte, Vater, verstehe mich recht, das wären an sich vollständig unbedeutende Einzelheiten gewesen, niederdrückend wurden sie für mich erst dadurch, dass Du, der für mich so ungeheuer maßgebende Mensch, Dich selbst an die Gebote nicht hieltest, die Du mir auferlegtest. Dadurch wurde die Welt für mich in drei Teile geteilt, in einen, wo ich, der Sklave, lebte, unter Gesetzen, die nur für mich erfunden waren und denen ich überdies, ich wusste nicht warum, niemals völlig entsprechen konnte, dann in eine zweite Welt, die unendlich von meiner entfernt war, in der Du lebtest, beschäftigt mit der Regierung, mit dem Ausgeben der Befehle und mit dem Ärger wegen deren Nichtbefolgung, und schließlich in eine dritte Welt, wo die übrigen Leute glücklich und frei von Befehlen und Gehorchen lebten. Ich war immerfort in Schande, entweder befolgte ich Deine Befehle, das war Schande, denn sie galten ja nur für mich; oder ich war trotzig, das war auch Schande, denn wie durfte ich Dir gegenüber trotzig sein, oder ich konnte nicht folgen, weil ich zum Beispiel nicht Deine Kraft, nicht Deinen Appetit, nicht Deine Geschicklichkeit hatte, trotzdem Du es als etwas Selbstverständliches von mir verlangtest; das war allerdings die größte Schande. In dieser Weise bewegten sich nicht die Überlegungen, aber das Gefühl des Kindes.

Carl Spitteler

Schulkrieg

Nicht von der gewöhnlichen Schulfeindschaft ist hier die Rede, die jeder Junge verspürt, die auch ich einst verspürt hatte, eine Feindschaft, die sich bloß auf den Zwang, die Freiheitsentziehung und die Keifereien der Lehrer gründet: von etwas Ernsterem. Ich war mit sechzehn Jahren an Körper ein Erwachsener, an Geist eine keimende Persönlichkeit; ich gehörte nicht mehr in die Schule. Gewiss können die Lehrer nichts dafür, wenn ihnen etwas Abnormes in die Schule läuft; aber ich konnte ebenfalls nichts dafür, dass ich Abnormer noch in die Schule musste. Meine Aufgabe war unter diesen Umständen, das rätselhafte Ding, das in mir keimte und das ich als etwas dem Schulstoff an Wert Überlegenes verspürte, gegen die Zumutungen der Schule zu verteidigen; und diese Aufgabe erkannte ich klar. Nicht als ob ich das Wissen verachtet hätte, ich kenne sogar den Wissensdurst; allein es war mir nicht erlaubt, wissen und lernen zu wollen, während ich fühlte, dass Besseres, nämlich Schöpferisches sich in mir regte. Wenn heute, während ich ein Werk in der Seele trage, am Morgen um acht Uhr ein Professor der Mathematik, um neun Uhr ein Professor des Lateinischen und den ganzen Tag lang bis zum Abend ein Professor nach dem andern in mein Zimmer kommen wollte, jeder mit dem Anspruch, dass ich ihnen je eine Stunde lang zuhören sollte, so würde wohl jedermann es billig finden, dass ich ihnen sämtlich die Türe wiese. Nun, genau mit demselben Recht konnte ich mir damals den Schulunterricht verbitten; denn ich trug noch etwas viel Wichtigeres in der Seele als ein Werk, nämlich das Werden meiner Persönlichkeit, aus welcher später Werke hervorgehen sollten. Nur lag es leider nicht in meiner Macht, den Professoren die Tür zu weisen; ich wurde im Gegenteil gezwungen, mich zu ihnen in die Schule zu verfügen und ihre Weisheit zum Schaden meiner schöpferischen Keime über mich ergehen zu lassen. Da ich aber keine Ahnung von der kunstvollen Erziehungspyramide hatte, welche von der Behörde auf ein Reglement, vom Reglement auf die Inspektoren und Examinatoren, von den Inspektoren und Examinatoren auf die Lehrer und von den Lehrern auf die Schüler drückte, schrieb ich die Schulübel einzig den Lehrern zu und taufte diese »Seelenmörder«, deswegen weil sie mir mit ihrem zwangsweisen Unterricht und ihren Aufgaben die Zeit für meine bessern, schöpferischen Aufgaben raubten.

Zunächst stand fest, dass ich mir für mein Innenleben so viel freie Zeit retten musste als möglich. Aufgaben? Das fehlte noch, dass man mir nach dem Tage noch die Abende zerstörte! Um Aufgaben zu machen, sind die Schulstunden da. Immer in einer Stunde die Aufgaben für die nächste erledigen! Auch die Eisenbahnfahrt nach Basel gehörte den Aufgaben. Den französischen Aufsatz zum Beispiel ließ ich mir in der Eisenbahn von Gobat, dem jetzigen Erziehungsdirektor, machen und schrieb ihn in der ersten Schulstunde ab. Die Aufgaben waren meistens noch nass, wenn ich sie einlieferte. Bloß der deutsche Aufsatz für Wackernagel machte eine Ausnahme. Den schrieb ich am letzten Abend bis tief in die Nacht hinein. Dadurch geriet ich natürlich in den Ruf eines »unfleißigen« Schülers. Ich war jedoch nicht unfleißig, sondern an einer andern Stelle mit wichtigen Aufgaben fleißig; wie ich denn alles mit bestem Gewissen tat.

»Seelenmörder« verdienten eigentlich den Hass. Allein der Hass ist ein hässliches Gefühl. Um dem Hass zu entrinnen, versuchte ich es mit dem Spott und dem Hohn. Den gewöhnlichen Schülerstreichen, in welchen ich meistens der Anstifter und Anführer war, fügte ich noch eine besondere Nummer bei: ich merkte mir jedes Lehrers eigentümliche Zornesäußerungen, stellte sie zu einer Generalverhöhnung zusammen und wollte das in Form einer Ouvertüre in Töne setzen, in welcher ein Lehrer nach dem andern mit seinem komischen Gepolter auftreten müsste, so wie ein Komponist in einer Pastoralsymphonie jetzt den Hammel, jetzt den Hahn, jetzt den Ochsen auftreten lässt. Wer mich auszankte, erreichte damit bloß, dass er mir Material für meine ›Ouvertüre‹ lieferte. Diese Ouvertüre sprach sich unter meinen Schulkameraden herum, wurde freudig erwartet, und als sie ausblieb (weil ich nicht Partitur zu schreiben verstand), wurde das als eine bittere Enttäuschung empfunden.

Trotzdem entrann ich auf die Länge dem Hass nicht. Der Hass übermannte mich, als ich genötigt wurde, meine Lehrer außer »Seelenmörder« überdies »Giftmischer« zu taufen. Mit dem Vorwurf »Giftmischer« meinte ich Folgendes. Der »unfleißige« Schüler erhielt begreiflicherweise immer schlechtere Zeugnisse und kam immer niedriger in den untersten Rang zu sitzen. Wenn ich dann das Zeugnis und die Rangnummer nach Hause trug, erhielt ich zwar dank der Güte meiner Eltern keine Vorwürfe; aber mein Vater machte ein ernstes Gesicht, und über das Auge meiner innig geliebten Mutter zog eine Trübung. Deshalb, weil sie mir den Blick meiner geliebten Mutter trübten, wenn auch nur für einige Minuten, taufte ich sie »Familienvergifter« und »Giftmischer«, und dafür hasste ich sie, und zwar grimmig, mit mörderischer Inbrunst.

Wie äußert aber ein ohnmächtiger Schulbub seinen Hass gegen die mächtigen Lehrer, die ihm mit einem Wort die ganze Zukunft zerstören können? Ihnen den Hass mit Worten ins Gesicht schreien durfte ich meiner Eltern wegen nicht; ich wäre ja sofort mit Schimpf und Schande aus der Schule gejagt worden. Aber ihn mit den Augen ihnen in die Augen stechen, das konnte ich, und das tat ich. Wenn je Blicke verständlich sind, so haben sie diese Blicke verstanden. Wenn wir zur sogenannten Kollokation, das heißt zur Ranganweisung vor dem versammelten Lehrerkollegium erschienen, so riefen meine feindseligen Blicke jedem einzelnen Lehrer zu: »Gelt, du schaust auf den Boden? Gelt, du wagst es nicht, deine Blicke mit den meinigen zu kreuzen? Weil du schuldbewusst bist, weil du weißt, dass du mir zu Unrecht einen niedern Rang anweisest.« Und dem Gesamtkollegium schrien meine Blicke entgegen: »O ihr Geistesinvaliden! Ihr, die ihr mit allem, was da lügt, einen schlauen Kompromiss geschlossen habt, wie wagt ihr überhaupt, mir Rangnummern und Zeugnisse zu verschreiben? Was habt ihr denn vor mir voraus? Nichts als euer Alter. Was ist das für ein Verdienst, das Alter? Eine Krähe, ein Elefant wird alt. Im Gegenteil, euer Alter gereicht euch zur Schande! Denn ihr habt, da ihr mit fünfzig und sechzig Jahren noch nichts Rechtes seid, bewiesen, dass niemals etwas Rechtes aus euch werden wird, während aus mir, obschon ich gegenwärtig noch nichts bin, einmal noch etwas werden kann. Und wie schamlos ihr euere Schande tragt! Führt im klaren, saubern Sonnenschein am hellen Tage euer Nichts in den Straßen spazieren. Ich, wenn ich nicht spätestens mit sechsunddreißig Jahren zum mindesten auf der Höhe eines Schubert stehe, so schieße ich mich vor Schande tot. Voyons, Wackernagel, der du es besser weißt, der du mich kennst, ein bisschen Mut! Steh auf, schleudere den Lügnern deinen Protest ins Gesicht! Du tust das nicht? Mitleid mit dir, armer christlicher Wackernagel! Du hast die Gelegenheit verpasst, eine schöne, edle Rolle zu spielen.«

So sprachen meine Blicke in der Kollokation, und ähnlich lauteten Bemerkungen von verwegener Kühnheit in meinen Aufsätzen. Um nur eine einzige zu erwähnen: in meinem Abiturientenaufsatz schrieb ich klar und deutlich: »Ich trete jetzt aus der Schule ins Leben über, das mich anders taxieren wird, als mich die Schule taxiert hat, und wo es heißen wird: Die Letzten werden die Ersten sein.« Ein Pastor, der den Aufsatz las, soll darüber in helle Wut geraten sein. Das freute mich; denn Wut zu erregen hatte mein Grimm just beabsichtigt.

Ich konnte mir nicht verhehlen, dass ich mich mit solchen Hassesäußerungen der Gefahr aussetzte, einmal plötzlich aus der Schule zu fliegen; und wer mitunter Anspielungen fallen ließ, die dahin zielten, war Jacob Burckhardt, dessen kühle Art ich überhaupt am meisten fürchtete. Die Ausweisung wäre auch das Schrecklichste gewesen, was mir begegnen konnte. Allein mein Grimm hatte eine solche Macht über mich gewonnen, dass der Verstand nicht mehr zu Worte kam. Wie eine verwundete Wildkatze dem Jäger vor Wut ins Gesicht springt, ohne zu erwägen, dass sie von den Hunden zerfleischt werden wird, so sprang mein maßloser Kampfzorn unvernünftig gegen meine Lehrer. Dass ich gleichwohl nicht aus der Schule gewiesen wurde, dass man mich gnädig auf die Universität durchschlüpfen ließ (unten durch), dafür weiß ich dem weitherzigen Basler Pädagogium mit seinen wohlmeinenden, gutartigen Lehrern Lob und Preis. Sie hätten das volle Recht gehabt, mich zu relegieren und mir damit meine Zukunft zu zerstören; sie haben vorgezogen, sich durch grenzenlose Nachsicht meinen Dank zu verdienen.

Stefan Zweig

Die Welt von Gestern

Dass ich nach der Volksschule auf das Gymnasium gesandt wurde, war nur eine Selbstverständlichkeit. Man hielt in jeder begüterten Familie schon um des Gesellschaftlichen willen sorglich darauf, ›gebildete‹ Söhne zu haben; man ließ sie Französisch und Englisch lernen, machte sie mit Musik vertraut, hielt ihnen zuerst Gouvernanten und dann Hauslehrer für gute Manieren. Aber nur die sogenannte ›akademische‹ Bildung, die zur Universität führte, verlieh in jenen Zeiten des ›aufgeklärten‹ Liberalismus vollen Wert; darum gehörte es zum Ehrgeiz jeder ›guten‹ Familie, dass wenigstens einer ihrer Söhne vor dem Namen irgendeinen Doktortitel trug. Dieser Weg bis zur Universität war nun ziemlich lang und keineswegs rosig. Fünf Jahre Volksschule und acht Jahre Gymnasium mussten auf hölzerner Bank durchgesessen werden, täglich fünf bis sechs Stunden, und in der freien Zeit die Schulaufgaben bewältigt und überdies noch, was die ›allgemeine Bildung‹ forderte neben der Schule, Französisch, Englisch, Italienisch, die ›lebendigen‹ Sprachen neben den klassischen Griechisch und Latein – also fünf Sprachen zu Geometrie und Physik und den übrigen Schulgegenständen. Es war mehr als zu viel und ließ für die körperliche Entwicklung, für Sport und Spaziergänge fast keinen Raum und vor allem nicht für Frohsinn und Vergnügen. Dunkel erinnere ich mich, dass wir als Siebenjährige irgendein Lied von der ›fröhlichen, seligen Kinderzeit‹ auswendig lernen und im Chor singen mussten. Ich habe die Melodie dieses einfach-einfältigen Liedchens noch im Ohr, aber sein Text ist mir schon damals schwer über die Lippen gegangen und noch weniger als Überzeugung ins Herz gedrungen. Denn meine ganze Schulzeit war, wenn ich ehrlich sein soll, nichts als ein ständiger gelangweilter Überdruss, von Jahr zu Jahr gesteigert durch die Ungeduld, dieser Tretmühle zu entkommen. Ich kann mich nicht besinnen, je ›fröhlich‹ noch ›selig‹ innerhalb jenes monotonen, herzlosen und geistlosen Schulbetriebs gewesen zu sein, der uns die schönste, freieste Epoche des Daseins gründlich vergällte, und ich gestehe sogar, mich heute noch eines gewissen Neides nicht erwehren zu können, wenn ich sehe, um wieviel glücklicher, freier, selbständiger sich in diesem Jahrhundert die Kindheit entfalten kann. Noch immer kommt es mir unwahrscheinlich vor, wenn ich beobachte, wie heute Kinder unbefangen und fast au pair mit ihren Lehrern plaudern, wie sie angstlos statt wie wir mit einem ständigen Unzulänglichkeitsgefühl zur Schule eilen, wie sie ihre Wünsche, ihre Neigungen aus junger, neugieriger Seele in Schule und Haus offen bekennen dürfen – freie, selbständige, natürliche Wesen, indes wir, kaum dass wir das verhasste Haus betraten, uns gleichsam in uns hineinducken mussten, um nicht mit der Stirn gegen das unsichtbare Joch zu stoßen. Schule war für uns Zwang, Öde, Langeweile, eine Stätte, in der man die ›Wissenschaft des nicht Wissenswerten‹ in genau abgeteilten Portionen sich einzuverleiben hatte, scholastische oder scholastisch gemachte Materien, von denen wir fühlten, dass sie auf das reale und auf unser persönliches Interesse keinerlei Bezug haben konnten. Es war ein stumpfes, ödes Lernen nicht um des Lebens willen, sondern um des Lernens willen, das uns die alte Pädagogik aufzwang. Und der einzige wirklich beschwingte

Glücksmoment, den ich der Schule zu danken habe, wurde der Tag, da ich ihre Tür für immer hinter mir zuschlug. …

Bis zum vierzehnten oder fünfzehnten Jahre fanden wir uns mit der Schule noch redlich zurecht. Wir spaßten über die Lehrer, wir lernten mit kalter Neugier die Lektionen. Dann aber kam die Stunde, wo die Schule uns nur mehr langweilte und störte. Ein merkwürdiges Phänomen hatte sich in aller Stille ereignet: wir, die wir als zehnjährige Buben ins Gymnasium eingetreten waren, hatten bereits in den ersten vier von unseren acht Jahren geistig die Schule überholt. Wir fühlten instinktiv, dass wir nichts Wesentliches mehr von ihr zu lernen hatten und in manchem der Gegenstände, die uns interessierten, sogar mehr wussten als unsere armen Lehrer, die seit ihrer Studienzeit aus eigenem Interesse nie mehr ein Buch aufgeschlagen. Auch machte sich ein anderer Gegensatz von Tag zu Tag mehr fühlbar: auf den Bänken, wo wir eigentlich nur mehr mit unseren Hosen saßen, hörten wir nichts Neues oder nichts, das uns wissenswert schien, und außen war eine Stadt voll tausendfältiger Anregungen, eine Stadt mit Theatern, Museen, Buchhandlungen, Universität, Musik, wo jeder Tag andere Überraschungen brachte. So warf sich unser zurückgestauter Wissensdurst, die geistige, die künstlerische, die genießerische Neugierde, die in der Schule keinerlei Nahrung fand, leidenschaftlich all dem entgegen, was außerhalb der Schule geschah. Erst waren es nur zwei oder drei unter uns, die solche künstlerischen, literarischen, musikalischen Interessen in sich entdeckten, dann ein Dutzend und schließlich beinahe alle.

Denn Begeisterung ist bei jungen Menschen eine Art Infektionsphänomen. Sie überträgt sich innerhalb einer Schulklasse von einem auf den andern wie Masern oder Scharlach, und indem die Neophyten mit kindlichem, eitlem Ehrgeiz sich möglichst rasch in ihrem Wissen zu überbieten suchen, treiben sie einander weiter. Mehr oder minder ist es darum eigentlich nur Zufall, welche Richtung diese Leidenschaft nimmt; findet sich in einer Klasse ein Briefmarkensammler, so wird er bald ein Dutzend zu gleichen Narren machen, wenn drei für Tänzerinnen schwärmen, werden auch die andern täglich vor der Bühnentür der Oper stehen. Nach der unseren kam drei Jahre später eine Schulklasse, die ganz vom Fußball besessen war, und vor uns war eine, die für Sozialismus oder Tolstoi sich begeisterte. Dass ich zufällig in einen Jahrgang für die Kunst fanatisierter Kameraden geriet, ist vielleicht für meinen ganzen Lebensgang entscheidend gewesen.

An und für sich war diese Begeisterung für Theater, Literatur und Kunst eine ganz natürliche in Wien; die Zeitung gab in Wien allen kulturellen Geschehnissen besonderen Raum, rechts und links hörte man, wo immer man ging, bei den Erwachsenen Diskussionen über die Oper oder das Burgtheater, in allen Papiergeschäften standen in den Auslagen die Bilder der großen Schauspieler; noch galt Sport als eine brutale Angelegenheit, deren ein Gymnasiast sich eher zu schämen hatte, und der Kinematograph mit seinen Massenidealen war noch nicht erfunden. Auch zu Hause hatte man keinen Widerstand zu befürchten; Theater und Literatur zählten unter die ›unschuldigen‹ Passionen im Gegensatz zu Kartenspiel oder Mädchenfreundschaften. Schließlich hatte mein Vater, wie alle Wiener Väter, in seiner Jugend ebenso für das Theater geschwärmt und mit ähnlicher Begeisterung der Lohengrinaufführung unter Richard Wagner beigewohnt wie wir den Premieren von Richard Strauss und Gerhart Hauptmann. Denn dass wir Gymnasiasten uns zu jeder Premiere drängten, war selbstverständlich; wie hätte man sich vor den glücklicheren Kollegen geschämt, wenn man nicht am nächsten Morgen in der Schule hätte jedes Detail berichten können? Wären unsere Lehrer nicht völlig gleichgültig gewesen, so hätte ihnen auffallen müssen, dass an jedem Nachmittag vor einer großen Premiere – für die wir uns schon um drei Uhr anstellen mussten, um die einzig zugänglichen Stehplätze zu bekommen – zwei Drittel der Schüler auf mystische Weise krank geworden waren. Bei strenger Aufmerksamkeit hätten sie ebenso entdecken müssen, dass in dem Umschlag unserer lateinischen Grammatiken die Gedichte von Rilke steckten und wir unsere Mathematikhefte verwendeten, um die schönsten Gedichte aus geliehenen Büchern uns abzuschreiben. Täglich erfanden wir neue Techniken, um die langweiligen Schulstunden für unsere Lektüre auszunutzen; während der Lehrer über Schillers ›Naive und sentimentale Dichtung‹ seinen abgenutzten Vortrag hielt, lasen wir unter der Bank Nietzsche und Strindberg, deren Namen der brave alte Mann nie vernommen. Wie ein Fieber war es über uns gekommen, alles zu wissen, alles zu kennen, was sich auf allen Gebieten der Kunst, der Wissenschaft ereignete; wir drängten uns nachmittags zwischen die Studenten der Universität, um die Vorlesungen zu hören, wir besuchten alle Kunstausstellungen, wir gingen in die Hörsäle der Anatomie, um Sektionen zuzusehen. An allem und jedem schnupperten wir mit neugierigen Nüstern. Wir schlichen uns in die Proben der Philharmoniker, wir stöberten bei den Antiquaren, wir revidierten täglich die Auslagen der Buchhändler, um sofort zu wissen, was seit gestern neu erschienen war. Und vor allem, wir lasen, wir lasen alles, was uns zu Händen kam. Aus jeder öffentlichen Bibliothek holten wir uns Bücher, wir liehen einander gegenseitig, was wir auftreiben konnten. Aber unsere beste Bildungsstätte für alles Neue blieb das Kaffeehaus. …

Eine solche Monomanie des Kunstfanatismus, eine derart bis ins Absurde getriebene Überbewertung des Ästhetischen konnte sich natürlich nur auf Kosten der normalen Interessen unseres Alters ausleben. Wenn ich mich heute frage, wann wir die Zeit fanden, alle diese Bücher zu lesen, überfüllt wie unser Tag schon war mit Schul- und Privatstunden, so wird mir klar, dass es gutenteils zum Schaden unseres Schlafs und damit unserer körperlichen Frische geschah. Dass ich, obwohl ich morgens um sieben Uhr aufzustehen hatte, je vor ein oder zwei Uhr nachts meine Lektüre aus der Hand gelegt hätte, kam niemals vor – eine schlechte Gewohnheit, die ich übrigens damals für immer annahm, selbst zur spätesten Nachtzeit noch eine Stunde oder zwei zu lesen. So kann ich mich nicht erinnern, je anders als unausgeschlafen und höchst mangelhaft gewaschen in letzter Minute zur Schule gejagt zu sein, das Butterbrot im Laufen verzehrend; kein Wunder, dass wir bei all unserer Intellektualität alle hager und grün aussahen wie unreifes Obst, überdies in der Kleidung ziemlich verwahrlost. Denn jeder Heller unseres Taschengeldes ging auf für Theater, Konzerte oder Bücher, und anderseits legten wir wenig Gewicht darauf, den jungen Mädchen zu gefallen, wir, die wir doch höheren Instanzen zu imponieren gedachten. Mit jungen Mädchen spazieren zu gehen, schien uns verlorene Zeit, da wir in unserer intellektuellen Arroganz das andere Geschlecht von vornherein für geistig minderwertig hielten und unsere kostbaren Stunden nicht mit flachem Geschwätz vertun wollten. Einem jungen Menschen von heute begreiflich zu machen, bis zu welchem Grade wir alles Sportliche ignorierten und sogar verachteten, dürfte nicht leicht sein. Allerdings war im vorigen Jahrhundert die Sportwelle noch nicht von England auf unseren Kontinent herübergekommen. Es gab noch kein Stadion, wo hunderttausend Menschen vor Begeisterung tobten, wenn ein Boxer dem anderen die Faust in die Kinnlade schmetterte; die Zeitungen sandten noch nicht Berichterstatter, damit sie mit homerischem Aufschwung über ein Hockeyspiel spaltenlang berichteten. Ringkämpfe, Athletenvereine, Schwergewichtsrekorde galten zu unserer Zeit noch als eine Angelegenheit der äußeren Vorstadt, und Fleischermeister und Lastträger bildeten ihr eigentliches Publikum; höchstens der edlere, aristokratischere Rennsport lockte, ein paarmal im Jahre, die sogenannte ›gute Gesellschaft‹ auf den Rennplatz, nicht aber uns, denen jede körperliche Betätigung als blanker Zeitverlust erschien. Mit dreizehn Jahren, als jene intellektuell-literarische Infektion bei mir begann, stellte ich das Eislaufen ein, verwandte das von den Eltern mir für eine Tanzstunde zugebilligte Geld für Bücher, mit achtzehn konnte ich noch nicht schwimmen, nicht tanzen, nicht Tennis spielen; noch heute kann ich weder radfahren noch chauffieren, und in sportlichen Dingen vermag jeder Zehnjährige mich zu beschämen. Selbst heute, 1941, ist mir der Unterschied zwischen Baseball und Fußball, zwischen Hockey und Polo höchst unklar, und der Sportteil einer Zeitung erscheint mir mit seinen unerklärlichen Chiffren chinesisch geschrieben. Ich bin gegenüber allen sportlichen Geschwindigkeits- oder Geschicklichkeitsrekorden unentwegt auf dem Standpunkt des Schahs von Persien stehengeblieben, der, als man ihn animieren wollte, einem Derby beizuwohnen, orientalisch weise äußerte: »Wozu? Ich weiß doch, dass ein Pferd schneller laufen kann als das andere. Welches, ist mir gleichgültig.« Ebenso verächtlich, wie unseren Körper zu trainieren, schien es uns, Zeit mit Spiel zu vergeuden; einzig das Schach fand einige Gnade vor unseren Augen, weil es geistige Anstrengung erforderte; und – sogar noch absurder –, obwohl wir uns als werdende oder immerhin potenzielle Dichter fühlten, kümmerten wir uns wenig um die Natur. Während meiner ersten zwanzig Jahre habe ich so gut wie nichts von der wundervollen Umgebung Wiens gesehen; die schönsten und heißesten Sommertage, wenn die Stadt verlassen war, hatten für uns sogar einen besonderen Reiz, weil wir dann in unserem Kaffeehaus die Zeitungen und Revuen rascher und reichhaltiger bekamen. Ich habe noch Jahre und Jahrzehnte gebraucht, um das Gleichgewicht gegen diese kindisch-gierige Überspannung wiederzufinden und die unvermeidliche körperliche Ungeschicklichkeit einigermaßen wettzumachen. Aber im Ganzen habe ich diesen Fanatismus, dieses nur durch das Auge, nur durch die Nerven leben meiner Gymnasialzeit nie bereut. Es hat mir eine Leidenschaftlichkeit zum Geistigen ins Blut getrieben, die ich nie mehr verlieren möchte, und alles, was ich seitdem gelesen und gelernt, steht auf dem gehärteten Fundament jener Jahre. Was man an seinen Muskeln versäumt hat, holt sich später noch nach; der Aufschwung zum Geistigen, die innere Griffkraft der Seele dagegen, übt sich einzig in jenen entscheidenden Jahren der Formung, und nur wer früh seine Seele weit auszuspannen gelernt, vermag später die ganze Welt in sich zu fassen.

Marie Luise Kaschnitz

Als ich ein Kind war

Als ich ein Kind war, hing über dem großen roten Tisch im Kinderzimmer eine Hängelampe, die weißes kaltes Gaslicht verbreitete und deren Glühkörper, den man seltsamerweise den Strumpf nannte, zuweilen bedrohlich summte und zischte. Die Geräusche, die zu jener Zeit von draußen ins Zimmer drangen, waren Hufschlag und Räderrollen und zuweilen der Pfiff einer Lokomotive in der Ferne, das Tuten der kleinen Dampfer auf den Seen. Die Spazierwege, auf denen wir einen freundlichen, bärtigen Onkel gelegentlich begleiten durften, führten an einer Bahnstrecke entlang, und bei jedem Zug, der vorüberfuhr, wusste zu unserem Staunen der Onkel zu sagen, um wie viele Minuten und Sekunden er vom Fahrplan abgewichen war. Durch die kleine Stadt führten Geleise, auf denen ein müdes altes Pferd einen schweren Trambahnwagen voller Menschen zog. Auf den Landwegen kehrten die Soldaten von ihren Übungen heim, schwitzend, staubbedeckt, unter Goldregen und Fliederbüschen, die über die Gartenmauer hingen. Eine einzige Straße war mit einer Asphaltdecke belegt, und auf dieser flogen die beneidenswerten Geschöpfe, welche Straßenkinder genannt wurden, auf klapprigen Rollschuhen scharrend und donnernd dahin. Die Dampfmaschine war noch immer die große, entscheidende Erfindung, und anhand eines Teekessels voll siedenden Wassers erklärte uns der Vater, wie diese einfache und großartige Kraft beinahe zufällig entdeckt worden war. Als ein guter Freund der Eltern sich auf dem Wege nach Amerika verabschiedete, durften wir dabeisein und zuhören, wie von den großen Meerschiffen gesprochen wurde, und bekamen bunte Bilder dieser schwimmenden Städte zu sehen. Auf einem Exerzierplatz, einem weiten sandigen Feld, hüpfte ein stählerner Vogel mit Stoffflügeln ein paar Meter durch die Luft, flog dann wirklich eine kleine Strecke durch den Himmel, setzte sich wieder, von begeistertem und ängstlichem Klatschen begrüßt. In allem Neuen, Fortschrittlichen bewunderten meine Eltern den Menschengeist, seine Ausdauer, seinen Wagemut und seine Kraft. Auf einem der zwei stämmigen Türme des Stadttors wuchs ein kleiner Baum, ohne Wartung, ohne Erde, geradewegs aus dem Stein heraus, und jedes Mal, wenn wir mit unserer Mutter dort vorbeikamen, forderte sie uns auf, diesem struppigen und kräftigen Ansiedler Bewunderung zu zollen.

Als ich ein Kind war, war alles noch unübersehbar, die vielen Gärten voller Geheimnisse, die Wälder ohne Ende, das Dunkel ohne Licht. Die Orte, die wir aufsuchten, hatten schöne redende Namen, Zaubernamen, Pfingstberg, Marmorpalais, Lustgarten, Jungfernsee, Heiliger See. In den Gärten gab es noch keine Alpenpflanzen und keine Staudenbeete, aber es gab Schlingrosen und Hochstammrosen, Flieder und Faulbaum und Wiesen voller Butterblumen und Löwenzahn. Es gab viel Wasser im Sommer, dunkle moorige Kanäle und frische blitzblaue Seen, sanftes Dahingleiten und hastigen Ruderschlag unter schwarzen Gewitterwolken und drohendem Sturm. Es gab Eis im Winter, weite, schimmernde Flächen, auf denen mit Zweigen die sicheren Wege abgesteckt waren, die den sommerlichen Bootswegen in keiner Weise glichen, da man sie auf eigenen Füßen zurücklegte, auf kurzen, harten Schlittschuhen, auf denen nur die Geschicktesten sich zur Tanzmusik der Kapelle wiegten. In der hereinbrechenden Dämmerung floh man, über dröhnende Holzbanken polternd, in die glühweindampfende Baracke und starrte erschrocken in fremde glühende Gesichter, aus deren Mündern blaue Rauchwolken quollen. Die Häuser der Eltern und der Verwandten und Freunde waren weitläufig, mit unbenutzten Zimmern, deren Möbel sich unter Leinenhussen verbargen, und wo Männer mit der Hand am Degen und Frauen in schönen, sonderbaren Kleidern den Vorübereilenden mit den Blicken verfolgten. Alle diese Häuser hatten, und mehr als heute, ihre besonderen Gerüche, einen zarten, überaus reinen Lavendelgeruch das Schlafzimmer unserer Lieblingstante, einen ewigen Honig- und Weihnachtsduft der runde Salon der Großeltern, wo wir mit unsagbarem Hochgefühl das Pianola traten und wo ich über einem Buch, das »Nur ein Geiger« hieß, meine ersten literarischen Tränen vergoss. Dass es in den Souterrainräumen aller dieser Häuser, dort, wo die Köchinnen und Stubenmädchen, die Offiziersburschen und Lieferanten sich aufhielten, höher und auf jeden Fall interessanter herging als oben, war so gewiss, wie dass man uns dort nicht haben wollte – nur der schwarzwangige Riese, der Flügelmann eines Garderegiments, duldete, wenn er die Klingen durch die lederbezogenen Räder der Messerputzmaschine zog, unsere Gegenwart, finster und stumm.

Als ich ein Kind war, waren bürgerliche Eltern noch etwas Erhabenes und Fernes, Götter in eigenen Wohnungen, die man nur auf besondere Aufforderung freudig oder furchtsam betrat. Zauberkräftig waren sie und zeigten gern diese besonderen Gaben, die Mutter, indem sie uns im dunklen Zimmer versammelte, um an der rauchenden, blakenden Petroleumlampe auf kleine Glasscheiben gemalte, sonderbare Figuren vorbeizuziehen, die dann riesengroß auf der Leinwand erschienen, plumpe Tänzer, schaurige Masken oder der in sich selbst zerfallende und aus sich selbst immer neu und schöner geborene vielfarbige Stern. Ein Theaterchen trat, als wir größer waren, an die Stelle der Laterna magica, und die Stücke, die meine Mutter aussuchte und deren Pappfiguren sie reden und an ihren immer ein wenig verbogenen Drähten hüpfen ließ, waren voll von bengalischem Feuer, schaurigen Schluchten, Blitz, Donner und Zorn. Des Vaters Finger vermochte auf den zarten Rändern halbgefüllter Weingläser eine süße Musik zu erzeugen, seine Hand führte die schönen, aus Elfenbein und Ebenholz geschnitzten Schachfiguren mit geheimnisvoller Weisheit, kaum dass er das Spiel begonnen hatte, schlossen sie unseren König schon von allen Seiten ein. Eine rätselhafte Verbindung bestand zwischen dem Vater und den Leuten all der Zirkustruppen, deren Vorstellungen wir mit ihm besuchen durften. In den Pausen ging er in den Stall und redete dort mit den Reitern, der Direktor, wenn er an der Spitze seiner schön aufgezäumten, mit weißen Straußenfedern geschmückten Pferde an meinem Vater vorbei in die Manege ritt, lüftete den Zylinder und lächelte uns zu. Obwohl uns die Großeltern als eingesessen und ehrbar bekannt waren, waren wir doch im Geheimen davon überzeugt, dass der Vater im grünen Wagen zu Hause sei und dass er eines Tages dorthin zurückkehren werde, sein tanzlustiges Lieblingskind an der Hand. Meine Mutter hatte im Zirkus keine Macht und ging nicht einmal gerne dorthin. Ihr Zauberreich war das Musikzimmer mit dem großen schwarzen Flügel, der im Kerzenlicht zu einem merkwürdigen Ungeheuer wurde, einem Drachen, der sie im Dröhnen, Schluchzen und Summen dreier saitenstreichender Herren entführte, während wir auf Schemelchen zu ihren Füßen saßen, traurig und hingerissen zugleich.

Als ich ein Kind war, gab es der mechanischen Spielzeuge nur wenige; außer ein paar schnarrenden und hüpfenden Jahrmarktsfröschen und einer kleinen, stämmigen Lokomotive, die man aufziehen und auf einem Schienenkreis laufen lassen konnte, ist mir kein einziges im Gedächtnis geblieben. Die Puppen, die wir geschenkt bekamen, spielten keine besondere Rolle oder hatten doch ihre Rollen beständig zu tauschen, da sie wie die Stofftiere, die Bauklötze und die Kinderstühlchen nur im Rahmen phantastischer Spiele Verwendung fanden. Bei diesen Spielen entstand immer etwas, eine eigene abenteuerliche und geheimnisvolle Welt, in die die Erwachsenen keinen Einlass fanden. Das Lesenlernen, lange vor dem Schulbeginn geübt, war Spiel, da das aus den einzelnen Buchstaben zusammenwachsende Wort sich plötzlich als bekannt herausstellte und wie eine mächtige Glocke summte und dröhnte. Das große Abend- und Winter-Spiel waren die sogenannten Quartette, von denen eine große Zahl der einander abzufragenden Bildchen mir noch heute gegenwärtig ist, der fette grüne Aronstab, das rätselhafte Zitat »Sein oder Nichtsein, das ist hier die Frage«, und der Schädelhaufen an der Beresina, von Wassilij Wereschtschagin gemalt. Im Sommer flogen die Bälle von Hand zu Hand, Kaiser, König, Edelmann, Bürger, Bauer, Bettelmann, und in Windeseile stieg und sank man auf der sozialen Stufenleiter einer bereits vergangenen Zeit. Die chinesischen Blumen, unansehnliche, trüb verfärbte Ringchen und Röllchen, die, ins Wasser geworfen, zu den zauberhaftesten Blüten aufquollen, die Abziehbilder, bei denen die grau dämmrige Oberfläche, angefeuchtet auf ein weißes Papier gezogen, die manchmal ein wenig zerrissenen, aber immer in den schönsten Farben leuchtenden Ansichten von Märchenszenen ergab. Begonnen mit den flachen, starren Ausschneidepuppen, deren aufgemalte festonierte Unterröckchen man zuerst mit einfachen Schul- und Gartenkleidchen, dann aber mit von uns nie besessenen Samt- und Spitzenroben zudeckte, zog alles Verwandlungsfähige uns mächtig an, den Höhepunkt aber bildeten die von uns selbst aufgeführten Ratespiele, die Scharaden, bei denen wir deutlich spürten, wie durch die Verkleidung auch das eigene Wesen sich veränderte und über seinen Schatten sprang.

Als ich ein Kind war, wurden, zumindest in meinem Elternhaus, Kindersorgen und Kinderängste nicht schwergenommen, Tränen nicht wortreich getrocknet, Kränkungen übersehen. Man hatte Freud noch nicht gelesen und huldigte ganz einfachen Erziehungsgrundsätzen, die mit den zehn christlichen Geboten so ziemlich zusammenfielen. Die zusätzlichen waren: Nimm dich nicht so wichtig (hab' dich nicht) und nimm dich zusammen, warum gerade diese beiden Befehle als die wichtigsten galten, wurde nie erklärt. Der Vater, der uns erst in dem Augenblick eigentlich wahrnahm, in dem wir anfingen, Menschen zu werden, kümmerte sich um die Erziehung der kleinen Kinder nicht. Sein Einfluss war dennoch maßgebend, und die erwartungsvolle Freundlichkeit und Sicherheit, mit der beide Eltern ihren Mitmenschen, und zwar den sogenannten Gebildeten wie den einfachen Leuten, entgegentraten, hat uns Kinder unbewusst zu gleichem Verhalten bestimmt. Ein großmütiges und hilfreiches Betragen wurde uns immer wieder empfohlen, zum Beispiel einem winzigen und buckligen Kinderfräulein gegenüber, das meine Mutter in Unkenntnis seiner Verkrüppelung aufgenommen hatte und das sie dann unter unseren Schutz stellte, eine Maßnahme, die uns ehrte und erhob. Im Gegensatz zu anderen Kindern, die bei Tisch den Mund zu halten hatten, wurden wir zum freien Erzählen bei den Mahlzeiten aufgefordert, was freilich oft eine rechte Qual bedeutete, da das Blödeln nicht erlaubt und jede, auch die gelindeste üble Nachrede, wie überhaupt alles Absprechende, von der Unterhaltung ausgeschlossen war. Aus solcher behüteten und gesitteten Kindheit war das Schreckliche nicht ausgeschlossen, so etwa die Angst, mit der ich, einmal nachts zum Fenster hinausschauend, an der Wasserlache bei der Pumpe viele langgeschwänzte Ratten erblickte, oder das Grauen, das gewisse an unserem Schulweg wohnende, sonderbar schreiende und lallende Irre in uns erregten; auch die unfasslichen Tränen, welche die besonders geliebte Tante in der Weihnachtskirche angesichts des strahlend brennenden Christbaums vergoss. Solche Dinge den mit sich selbst beschäftigten und fernen Eltern zu erzählen war unmöglich. Wer sie nicht erfragte, aber erriet, war das badische Kindermädchen Lulu, eine damals noch junge Person, welche die Kränkungen und Ängste mit Zuckerwasser und Pfefferminzplätzchen und mit dem Balsam einer nie zu vergessenden selbstlosen Güte zu heilen verstand.

Als ich ein Kind war, reiste man nicht in Gesellschaften nach Teneriffa oder auf die Insel Rhodos, höchstens die Eltern einmal nach

Italien und in die Schweiz, von wo sie gusseiserne Gondeln, die Tintenfässer bargen, mitbrachten und holzgeschnitzte Federhalter, an deren Ende in einem winzigen Glasfensterchen groß und plastisch der Luzerner Löwe erschien. Für uns Kinder war die Ferienheimat immer dieselbe, der großelterliche Schwarzwaldhof, wo ein Pächter die kleine Landwirtschaft und die Kirschwasserbrennerei betrieb und mein Großvater sich um den Wald kümmerte und auf die Jagd ging, wenigstens in den paar Sommer- und Herbstmonaten, die die Familie in dem schmalen Talgrund am Mooswald verbrachte. Dass Kinder in der Natur noch im Herzen des verlorenen Paradieses leben, wird mir ganz klar, wenn ich in Gedanken diese Kinderwege nachgehe, vom Moosbrunnen zum Späneplatz und aufs Durbacher Eck, und mich daran erinnere, wie die Tautropfen auf den Spinnweben im Heidekraut riesig und farbig funkelten und blitzten und mit welch zarter Musik der kleine Bach seinen gewundenen Weg durch die Wiese ging. Von Sport war damals nicht die Rede, auch nicht vom Braten in der prallen Sonne, die Schattenwildnis war reicher an Stimmen und Gesichten, und im Schatten des Buchenwaldes spannten wir die Hängematten von Stamm zu Stamm. Unterm weit ausladenden Vordach des Heuspeichers gab es eine hängende Kegelkugel, auf der zu reiten und sich weit hinauszuschwingen Seligkeit bedeutete, die wilden Versteck- und Fangspiele im mehrstöckig gelagerten Heu, das Wiesenabgleiten auf gebogenen Holzschlitten und der Büttenkampf auf dem schwarzen Weiher waren gefährlich genug. Obwohl mein Großvater, der ein sehr fortschrittlicher und neugieriger Mann war, eines der ersten in Baden verkäuflichen Automobile erwarb, kann ich mich nicht erinnern, dass dieses schnaufende und keuchende Fahrzeug uns besonders erregt hätte. Viel spannender war es, das langsame Herannahen des Briefträgers zu verfolgen, der täglich zwei Stunden weit das Tal heraufwanderte und bei dessen Vorübergehen in jedem der einsamen Höfe die Hunde zu lärmen begannen. Denn wir kannten die Stimmen all dieser Hunde und das Sausen und Zischen des Feuers beim Reutebrennen und den klingenden Fall des Brunnenwassers, das in einen ausgehöhlten Baumstamm floss. Und es war dieses Ferienglück nicht nur das Glück der Freiheit und der geselligen Spiele, sondern auch die erste Freude an der Absonderung, am Träumen und Sinnen, allein mit der Natur.

Heinrich Heine

Die Heimkehr

Mein Kind, wir waren Kinder,
Zwei Kinder, klein und froh;
Wir krochen ins Hühnerhäuschen,
Versteckten uns unter das Stroh.

Wir krähten wie die Hähne,
Und kamen Leute vorbei –
Kikereküh! sie glaubten,
Es wäre Hahnengeschrei.

Die Kisten auf unserem Hofe
Die tapezierten wir aus,
Und wohnten drin beisammen,
Und machten ein vornehmes Haus.

Des Nachbars alte Katze
Kam öfters zum Besuch;
Wir machten ihr Bückling und Knickse
Und Komplimente genug.

Wir haben nach ihrem Befinden
Besorglich und freundlich gefragt;
Wir haben seitdem dasselbe
Mancher alten Katze gesagt.

Wir saßen auch oft und sprachen
Vernünftig, wie alte Leut
Und klagten, wie alles besser
Gewesen zu unserer Zeit;

Wie Lieb und Treu und Glauben
Verschwunden aus der Welt,
Und wie so teuer der Kaffee,
Und wie so rar das Geld! – – –

Vorbei sind die Kinderspiele,
Und alles rollt vorbei –
Das Geld und die Welt und die Zeiten,
Und Glauben und Lieb und Treu.

Register

Karl Philipp Moritz (1756–1793), Anton Reiser. Erster Teil, 1785. S. 20
Erich Mühsam (1878–1934), Latente Talente. In: Unpolitische Erinnerungen, 1927–1929. S. 10
Rainer Maria Rilke (1875–1926), Kindheit, 1907. S. 55
Joachim Ringelnatz (1883–1934), Gymnasium. In: Mein Leben bis zum Kriege, 1931. S. 124
Arthur Schnitzler (1862–1931), Jugend in Wien, 1968 (ausgearbeitet vorwiegend 1915–1918 unter dem Titel »Leben und Nachklang, Werk und Widerhall«). S. 170
Johanna Schopenhauer (1766–1838), Jugendleben und Wanderbilder, 1839. S. 166
Carl Spitteler (1845–1924), Schulkrieg. In: Meine frühesten Erlebnisse, 1914. S. 195
Ernst Toller (1893–1939), Eine Jugend in Deutschland, 1933. S. 63
Franz Werfel (1890–1945), Der Abituriententag. Die Geschichte einer Jugendschuld, 1928. S. 140
Anton Wildgans (1881–1932), Musik der Kindheit. Ein Heimatbuch aus Wien, 1928. S. 158
Stefan Zweig (1881–1942), Die Welt von Gestern. Erinnerungen eines Europäers, 1942. S. 201

Copyright